Direito das Obrigações em Tempos de Calamidade

CB126354

Direito das Obrigações em Tempos de Calamidade

REFLEXÕES DURANTE UM ANO DE PANDEMIA

2021

Catarina Monteiro Pires
Doutora em Direito. Professora da Faculdade de Direito da Universidade de Lisboa. Advogada e Jurisconsulta.

ALMEDINA

DIREITO DAS OBRIGAÇÕES
EM TEMPOS DE CALAMIDADE
REFLEXÕES DURANTE UM ANO DE PANDEMIA
AUTORA
Catarina Monteiro Pires
EDITOR
EDIÇÕES ALMEDINA, S.A.
Rua Fernandes Tomás, nºs 76-80
3000-167 Coimbra
Tel.: 239 851 904 · Fax: 239 851 901
www.almedina.net · editora@almedina.net
DESIGN DE CAPA
EDIÇÕES ALMEDINA, S.A.
PRÉ-IMPRESSÃO
João Jegundo
IMPRESSÃO E ACABAMENTO

Maio, 2021
DEPÓSITO LEGAL

Os dados e as opiniões inseridos na presente publicação são da exclusivas responsabilidade do(s) seu(s) autor(es).
Toda a reprodução desta obra, por fotocópia ou outro qualquer processo, sem prévia autorização escrita do Editor, é ilícita e passível de procedimento judicial contra o infractor.

ALMEDINA | GRUPOALMEDINA

BIBLIOTECA NACIONAL DE PORTUGAL – CATALOGAÇÃO NA PUBLICAÇÃO

PIRES, Catarina Monteiro

Direito das obrigações em tempos de calamidade : reflexões durante um ano de pandemia. – 1ª ed. – (Opúsculos)
ISBN 978-972-40-9479-3

CDU 347

NOTA PRÉVIA

A ideia de uma pandemia de escala planetária, fonte de restrições à livre circulação de pessoas e bens e de distorções na execução de programas contratuais, não me ocorreu sequer como caso académico quando, em agosto de 2014, escrevia as últimas linhas da tese de doutoramento sobre impossibilidade da prestação, defendida dois anos depois na Faculdade de Direito da Universidade de Lisboa e, entretanto, publicada pela Almedina.

Estamos em março de 2021 e melhor seria que certos cenários tivessem continuado apenas nos estudos académicos. A verdade é que, durante o último ano, problemas sérios impuseram-se aos agentes económicos como dura realidade. Neste contexto, tornou-se impossível ignorar o ritmo dos acontecimentos e interpelações várias intensificaram o apelo a intervenções e, com elas, o estímulo à escrita.

Foi assim que decidi reunir neste estudo unitário reflexões escritas perante (e durante) a pandemia que teve origem em março de 2020. A estas, juntei o texto de uma conferência em Brasília precisamente sobre força maior, ainda que proferida em 2019. As páginas que se publicam têm por base textos de intervenções e mantivemos, em regra, o estilo que as carateriza.

Além desta publicação, com relevo para o mesmo contexto, o leitor pode encontrar disponíveis *on-line* em livre acesso outros estudos, entre os quais saliento *Cláusulas de preço fixo, de ajustamento de preço e de alteração material adversa ("MAC") e cláusulas de força maior – Revisitando problemas de riscos de desequilíbrio e de maiores despesas em tempos virulentos*, publicado na Revista da Ordem dos Advogados, nº 80, vol I-II, 2020, disponível em https://portal.oa.pt/media/131416/catarina-monteiro-pires.pdf e *Crédito empresarial em tempos virulentos – primeiras reflexões*, em co-autoria com Diogo Seixas, publicado na *Revista da Faculdade de Direito da Universidade de Lisboa*, edição temática especial Covid-19 e Direito, 2020, disponível em: http://www.fd.ulisboa.pt/investigacao/producao-cientifica/revistas-cientificas/revista-da-fdul/numeros-issues/. Pode ainda consultar o Comentário ao Código Civil, intitulado *Novo Coronavírus e Crise Contratual*, anotação ao Código Civil, AAFDL, 2020, o qual se encontra disponível em: https://aafdl.cld.bz/Novo-Corona-virus-e-Crise-Contratual, o qual tive a honra de coordenar e no qual anotei o regime dos artigos 790º e ss do Código Civil.

Finalmente, com Diogo Tapada dos Santos, escrevi *"Contratos prolongados": entre dogmas carecidos de revisão e problemas carecidos de sinalização"*, texto que oferecemos para os Estudos em Homenagem a José Emílio Nunes Pinto, publicados este ano no Brasil pela Quartier Latin.

As minhas reflexões inserem-se, em regra, no quadrante geral de contratos comerciais, negociados entre as partes, ponderando o modo como o Direito das Obrigações previsto no Código Civil regula esta matéria, tendo presente o contexto do último ano. São ainda ideias que adquirem (ou readquirem) forma num cenário em permanente transição e que não deixará de reclamar novas perguntas e, quem sabe, outras reflexões. São, finalmente, posições de quem também foi testemunha de um tempo cujas exatas dimensões (além mesmo das que são objeto deste livro) não podemos pretender absorver num só ano, nem num só livro.

Lisboa, março de 2021

I
Perturbações na Prestação Contratual em Tempos Virulentos – Enquadramento geral

I. Esquema de base

1. O presente texto visa transmitir, de forma sucinta e quase esquemática, algumas reflexões gerais sobre o regime das perturbações da prestação contratual, aplicado no contexto das disrupções causadas pela atual pandemia[1]. Com efeito, esta contingência aguda de saúde

[1] A ocasião que origina estas reflexões corresponde à conferência organizada, em maio de 2020, pela Direção Regional Norte da Associação Sindical dos Juízes Portugueses. Surgindo na sequência de uma conferência, conserva-se, por isso, um estilo simples, tendo o texto com pontuais diferenças sido também disponibilizado para um *e-book* não acessível ao público em geral. Retomo várias ideias e passagens de textos que escrevi anteriormente, uns publicados, outros disponibilizados na *internet*, dos quais consta ampla bibliografia. Indico os seguintes: CATARINA MONTEIRO PIRES, *Impossibilidade da prestação*, 2017, em particular p. 236 ss, *Contratos I – Perturbações na execução*, Almedina, 2019, p. 78 ss, anotação aos artigos 790º e ss em *Novocoronavírus e Crise Contratual*, coord. Catarina Monteiro Pires, AAFDL, 2020, disponível em https://aafdl.cld.bz/Novo-Corona-virus-e-Crise-Contratual/78/, *Cláusulas de preço fixo, de ajustamento de preço e de alteração material adversa e cláusulas de força maior*, ROA 2020 e *Limites dos esforços e dispêndios exigíveis ao devedor para cumprir*, ROA 2016, ambos disponíveis on-line no *site da* Revista da Ordem dos Advogados, https://portal.oa.pt/publicacoes/revista/ e *Quatro proposições em torno da vinculação debitória, revisitando o Código Civil de 1966*", Revista de Direito Civil, nº 4, 2018 e *Efeitos da alteração das circunstâncias*, em *O Direito*, 2013 I-II, p. 181 ss.

pública, com contornos mundiais e de natureza algo incerta, trouxe consigo desordens e disrupções na execução de contratos, um pouco por todo o lado e, também, no nosso País.

Atrasos nos pagamentos, dificuldades de produção, diminuição do rendimento esperado, nomeadamente por diminuição de vendas ou de clientela, diminuição da utilidade ou perda de utilidade do contrato ou ainda frustração do resultado que se pretendia atingir com o contrato. Durante o estado de emergência, somaram-se ainda, de forma mais generalizada, impossibilidade na entrega de bens, encerramento de instalação por imposição legal ou por imposição administrativa, entre outros exemplos.

É comum dizer-se que os contratos permitem, em regra, trocar o presente pelo futuro. Contudo, como pensar quando o futuro é inesperado, incerto e turbulento? Qual o papel dos tribunais na reação à crise? Serão institutos tradicionalmente reservados a casos extremos, como o a do artigo 437º do Código Civil (alteração das circunstâncias) aplicados no contexto da atual pandemia?

2. Pensando em contratos privados onerosos e sinalagmáticos, como a compra e venda, a empreitada, o arrendamento ou a prestação de serviços, o problema que recorrentemente surge é o de saber quem suportará o risco destas "patologias". Quem suportará o "risco de prestação", de esta não se realizar? E as contingências de uma prestação atrasada? E, com especial magnitude, quem suportará o chamado "risco da contraprestação" (do preço, da renda, etc). O credor? O devedor? Ambos? Com que limites?

3. A generalidade dos contratos afetados por um impacto económico significativo não são contratos de consumo, mas sim contratos comerciais, sendo esta constatação assumida como premissa do nosso texto, e como delimitação do respetivo escopo. Aqui se revela, desde

logo, a importância do tema, sobretudo se pensarmos que a economia portuguesa é muitas vezes sustentada por financiamento bancário, e não por autofinanciamento, nem pelo recurso ao mercado de capitais, e que muitas empresas, sobretudo pequenas e médias empresas, (sobre)vivem com margens de liquidez reduzidas. Serão problemas do País que agora se acentuam com a crise, a resolver estruturalmente, ou contingências a considerar, e a atenuar, *no contexto da crise*?

4. De modo a fixar premissas gerais, o nosso esquema é ainda pensado para contratos negociados: tratando-se de contrato de adesão, colocar-se-á ainda um problema de validade do clausulado e seguir-se-ão os padrões de interpretação fixados pelo regime jurídico das cláusulas contratuais gerais quanto a relações empresariais (artigos 17º e ss do Decreto-Lei nº 446/85, de 25 de outubro, na versão atualmente em vigor).

5. Os institutos do Código Civil que podem resolver os casos de perturbações na execução do contrato são vários, desde impossibilidade de prestar (artigos 790º ss), incumprimento não culposo, mora do devedor (artigos 806º ss), mora do credor (artigos 813º ss), abuso do direito (artigo 334º), alteração de circunstâncias (artigos 437º e 438º), incumprimento culposo (artigo 801º, nº 2), etc. O regime civil é completo e diversificado, mas oferece alguma complexidade, em alguns casos quanto aos pressupostos do meio de reação, em outros quanto à delimitação das fronteiras de aplicação dos vários meios de reação.

6. Acresce a dificuldade trazida pelo que designarei como "legislação Covid-19" ou "legislação de crise". Não examinarei aqui todos os regimes aprovados neste contexto, mas antecipo que, em vários casos, colocar-se-ão dúvidas quanto ao âmbito de aplicação dos mesmos e, em particular, quanto à questão de saber se os mesmos excluem os

regimes gerais previstos no Código Civil, sempre que a própria lei não ofereça resolva esta interrogação. Julgo que há algumas diretrizes gerais que podem ser utilizadas:

Primeira, vários mecanismos legais previstos nesta legislação são excecionais, não comportando aplicação analógica (cf. artigo 11º CC).

Segunda, na generalidade dos casos, a solução da "legislação de crise" não foi, até à data e para os contratos privados, a de excluir os meios de reação previstos no Código Civil.

Terceira: havendo vários mecanismos de reação a um problema, cabe ao credor a escolha do concreto meio de reação.

Quarta: o Direito não consente, muito menos num cenário de crise aguda, aproveitamentos abusivos, estando o exercício de direitos sujeito à limitação do artigo 334º do Código Civil (abuso do direito).

Quinta: à gravidade da crise não deve somar-se a distorção do oportunismo: é de admitir que o credor não deva poder ficar, por força das regras aplicadas (isoladas ou em conjugação), melhor do que estaria se não tivesse havido pandemia.

7. De forma muito simples, perante uma perturbação da prestação contratual no contexto da pandemia, e assumindo que não há lacuna na lei (e que, portanto, a perturbação está regulada, como em regra será o caso), o jurista pode basear-se no seguinte esquema abstrato de indagação, sujeito a adaptação perante o caso concreto:

Primeiro passo. O problema. Qualificação do problema em causa. Exemplos: Aumento de custos do devedor? Atraso no cumprimento pelo devedor? Situação económica difícil do devedor? Situação económica difícil do credor? Perda de utilidade da prestação para o credor? Frustração do fim programado?

Segundo passo. O contrato. Verificação da existência de cláusulas contratuais que regulem os riscos em causa, de forma direta ou indireta.

Exemplos: cláusulas de força maior, de *hardship*, de alteração material adversa, de preço fixo, de preço variável, de ajustamento de preço, etc) e interpretação do contrato como um todo[2].

Terceiro passo. Os potenciais regimes. Convocação dos regimes potencialmente aplicáveis ao problema em causa.

Quarto passo. A interpretação da lei; *a)* Verificação dos pressupostos de aplicação desse (s) regime (s); *b)* Esclarecimento de casos de fronteira; *c)* Em concurso de regimes, esclarecimento do regime prevalecente, em função de uma verificação detalhada do perímetro de cada regime e da relação entre eles. Este concurso pode ser real ou aparente e pode envolver regimes legais ou regimes legais e contratuais.

Quinto passo. A decisão: aplicação do direito aos factos.

Não cuidarei aqui de todos estes aspetos, mas apenas, e limitadamente, dos pontos 3 e 4. Deixo, contudo, algumas notas adicionais sobre este esquema.

8. O ponto de partida para a aplicação do Direito é o problema. Embora, numa ação judicial, caiba as partes deduzir o pedido, estando o tribunal limitado pelo mesmo, o juiz conhece o Direito e tem, por isso, liberdade na (re) qualificação jurídica do problema. Temos de aceitar que o contexto disruptivo da pandemia pode trazer problemas novos e pode recolocar problemas antigos, acrescentando outros dilemas. Por tudo isto, este primeiro momento assume uma importância reforçada.

9. No esquema acima descrito, o segundo passo é o da interpretação do contrato (artigos 236º ss). O contrato é uma auto-regulação

[2] Sobre estas cláusulas, pode ver Catarina Monteiro Pires, *Cláusulas de preço fixo, de ajustamento de preço e de alteração material adversa e cláusulas de força maior*, já citado,

privada de interesses, expressão do exercício da autonomia privada das partes. Na generalidade dos casos, ressalvando domínios especiais, o Direito civil não visa fixar uma ordenação de preferências, em detrimento da liberdade contratual. Há, contudo, que ter presente que a solução contratual pode não ser evidente e pode exigir um esforço de compatibilização de várias passagens do contrato.

10. Interpretado o contrato, o jurista convoca abstratamente um ou vários regimes potencialmente aplicáveis. Por exemplo, se credor resolveu o contrato, indicando que o mesmo se tornou inútil com a pandemia, imediatamente se poderá questionar se se trata de um problema de impossibilidade de prestar ou de alteração de circunstâncias. Convocando os regimes com alguma ligação ao problema, há, depois, que investigar com detalhe cada um deles, interpretando as normas jurídicas, e esclarecendo as fronteiras entre uns e outros, para no final decidir e aplicar o regime jurídico aos factos. No ponto II seguinte analisamos precisamente os potenciais regimes aplicáveis e no ponto III algumas dúvidas quanto ao regime a aplicar.

II. Os potenciais regimes, sua interpretação e delimitação

A. *Impossibilidade superveniente da prestação*

1. É o regime central das perturbações da prestação do Código, organizado em divisões sucessivas (artigos 790º e ss) e dotado de alguma complexidade. Procuraremos organizar apenas dez coordenadas gerais que poderão ser úteis[3].

Primeira coordenada: retomando conclusões anteriores, a doutrina portuguesa dominante, bem como a jurisprudência, consideram que a impossibilidade é apenas a "impossibilidade absoluta", só existindo, portanto, impossibilidade quando "o impedimento ao cumprimento não é ultrapassável, mesmo que com esforços e dispêndios adicionais"[4]. Daqui resulta que o regime dos artigos 790º e ss não se aplica à mera "dificuldade em prestar", nem à "excessiva onerosidade" da prestação. É também esta a minha opinião[5].

2. *Segunda coordenada*: as prestações pecuniárias não são, em si mesmas, impossíveis, nem sequer parcialmente, e só se reduzem enquanto contraprestação, isto é, não são reduzidas si mesmas, mas por efeito da relação de reciprocidade com outra prestação contratual. Os problemas de tesouraria e a falta momentânea de liquidez não tornam a prestação temporariamente impossível, mas, por força da "legislação de crise", podem ser aplicadas moratórias, como a moratória nas rendas prevista na Lei nº 4-C/2020, de 6 de abril ou a moratória bancária estabelecida pelo Decreto-Lei nº 10-J/2020, de 26 de março.

[3] Desenvolvidamente, CATARINA MONTEIRO PIRES, *Impossibilidade da Prestação*, p. 131 ss.

[4] CATARINA MONTEIRO PIRES, *Contratos I, Perturbações na execução*, p. 22.

[5] Nesse sentido, e com várias referências doutrinárias, CATARINA MONTEIRO PIRES, *Impossibilidade da prestação*, p. 523 ss.

3. *Terceira coordenada.* Há que ter em atenção as particularidades das obrigações genéricas, que preenchem grande parte das trocas comerciais. O género, sendo puro, em regra não perece, pelo que a natureza de uma obrigação genérica pura (cf. artigos 539º e 540º) é, em princípio, um obstáculo à impossibilidade de prestar (*genus nunquam perit*). Esta máxima não se aplica, porém, às obrigações de género limitado.

4. *Quarta coordenada:* os artigos 545º e ss do Código Civil estabelecem um regime sobre a impossibilidade total, definitiva e superveniente de alguma ou algumas das prestações, concretizando os reflexos da impossibilidade de prestar, cujos efeito geral é o previsto no artigo 790º do Código Civil, no quadro particular das obrigações alternativas.

5. *Quinta coordenada:* o efeito da impossibilidade definitiva (artigo 790º), seja ou não imputável ao devedor é, apenas, o do afastamento da pretensão de cumprimento da prestação[6]. Desta afirmação resultam três corolários. *Primeiro corolário*: o dever de indemnizar é uma consequência eventual e separada. *Segundo corolário*: O risco da contraprestação (pagamento do preço, pagamento da renda, etc) é também uma questão diferente, a examinar separadamente. *Terceiro corolário*: nem toda a relação obrigacional desaparece (basta pensar em deveres acessórios, nomeadamente de notificação da ocorrência da impossibilidade, artigo 762º, nº 2) e pode haver lugar ao "*commodum*" de representação (cf. artigos 794º e 803º).

6. *Sexta coordenada:* na impossibilidade definitiva, o risco de contraprestação depende de saber se a impossibilidade é imputável ao

[6] Catarina Monteiro Pires, *Impossibilidade da Prestação*, p. 131 ss e anotação ao artigo 790º, *Novo Coronavírus e crise contratual. Anotação ao Código Civil*, 2020, pp. 86-87.

devedor, imputável ao credor, não imputável às partes ou imputável a ambas as partes. A regra central consta do artigo 795º, mas há também regimes especiais, como o do artigo 1227º ou mesmo o do artigo 1040º.

7. *Sétima coordenada:* na minha opinião, na falta de critério contratual e de regra legal especial, é imputável ao credor o risco de contraprestação em caso de violação injustificada de comandos que lhe imponham a omissão ou a prática de certos atos, em vista à realização do programa obrigacional, em particular à luz da regra da boa-fé (artigo 762º, nº 2) e, ainda, caso seja possível apelar a um concreto esquema obrigacional que lhe atribua esse mesmo risco, esquema esse que só pode ser apurado perante o contrato em causa[7].

8. *Oitava coordenada:* na impossibilidade temporária, além do efeito do artigo 792º, há uma suspensão da prestação, por aplicação analógica do princípio subjacente ao artigo 790º, o mesmo sucedendo, por força do sinalagma, com a contraprestação (cf. ainda artigo 795º).

9. *Nona coordenada:* a temporalização ou finalização das prestações tem consequências quanto a mecanismos de reação. Uma prestação de prazo absolutamente fixo pode ser imediatamente impossível, sem que haja outras perturbações. Exemplo: acabar uma obra até determinada data sob pena de o credor não poder obter uma licença. Nestes casos, não há mora, nem impossibilidade temporária, mas sim impossibilidade definitiva.

10. *Décima coordenada:* a pandemia pode ter agravado a dificuldade de cumprir de um devedor que já se encontrava em mora (de acordo

[7] Retomamos a ideia que sustentámos em CATARINA MONTEIRO PIRES, *Contratos I, Perturbações na Execução*, pp. 44-45 e anteriormente em CATARINA MONTEIRO PIRES, *Impossibilidade da Prestação*, 733 ss.

com o artigo 804º, nº 2, o devedor considera-se constituído em mora quando, por causa que lhe seja imputável, a prestação, ainda possível, não foi efetuada no tempo devido). Neste caso, não se aplica o disposto no artigo 792º.

11. *Décima primeira coordenada*: tratando-se de impossibilidade parcial não imputável às partes, opera uma exclusão parcial da prestação (da pretensão ao cumprimento natural da mesma), com reflexos, depois, na contraprestação, *ou* uma resolução do negócio, a implicar um afastamento da prestação, se o credor tiver perdido o interesse na prestação (cf. artigo 793º). Se o credor tiver interesse na prestação, pode operar a prestação do que for possível e a redução proporcional da contraprestação[8].

12. *Décima segunda coordenada*: a impossibilidade de prestar é direito estrito e figura modelar do direito das perturbações da prestação. A alteração das circunstâncias é uma cláusula geral, uma válvula de escape do sistema. Não podem ser modificadas prestações impossíveis. Não é impossível uma prestação puramente desequilibrada.

B. *Mora do credor*

1. No sistema do Código Civil português, uma das perturbações meramente temporárias da prestação é a mora do credor, regulada nos artigos 813º e seguintes do Código Civil. Como escrevemos em manual recente[9], o sistema português, como os demais sistemas europeus continentais, reconhece uma distinção entre mora do devedor

[8] Catarina Monteiro Pires, *Contratos I, Perturbações na Execução*, p. 66.
[9] *Idem*, *Contratos, I. Perturbações na Execução*, p. 159 ss.

e mora do credor: revela-o a sistematização do Código e a própria teleologia das figuras. Na falta de disposição contratual (o regime da *mora credendi* é dispositivo), a reação do devedor pautar-se-á pelo disposto nos artigos 814º e seguintes e dependerá da verificação dos requisitos do artigo 813º.

2. A mora do credor pressupõe uma possibilidade de prestação por parte do devedor, isto é, mora do credor e impossibilidade da prestação são regimes separados e alternativos.

3. Esquematicamente, temos, pois, que a mora do credor depende de um *requisito negativo*, traduzido na falta de verificação de impossibilidade definitiva e de dois *requisitos positivos*, a saber: (*i*) a não aceitação, pelo credor, da prestação que lhe é oferecida nos termos legais *ou* a omissão pelo credor dos atos necessários ao cumprimento da obrigação e (*ii*) a falta de um motivo justificado para a conduta do credor.

4. O comportamento do credor, cuja recusa poderá dar origem à aplicação do regime da mora do credor, poderá traduzir-se num mero ato de recusa da prestação oferecida (distinto da aceitação com reservas, que exclui a mora), mas, também, na omissão de comportamentos positivos, necessários ao cumprimento do programa obrigacional.

5. Não há mora do credor em virtude de recusa ou não aceitação da prestação se o devedor não oferecer a prestação conforme devida.

6. A posição prevalecente considera que os efeitos da *mora accipiendi* são independentes de culpa, ao contrário do que sucede com a mora do devedor (cf. artigo 804º)[10].

[10] Com várias referências, CATARINA MONTEIRO PIRES, *Impossibilidade*, p. 712 ss.

7. O regime da *mora accipiendi*, por si só, visa primacialmente afastar as consequências desfavoráveis para o devedor de uma conduta do credor, através da exoneração do vínculo debitório e do ressarcimento de desvantagens sofridas, não concedendo, porém, ao devedor o direito a *exigir* ao credor que colabore.

C. *Alteração das circunstâncias*

1. O artigo 437º, nº 1, do Código Civil determina o seguinte: "se as circunstâncias em que as partes fundaram a decisão de contratar tiverem sofrido uma alteração anormal, tem a parte lesada direito à resolução do contrato, ou à modificação dele segundo juízos de equidade, desde que a exigência das obrigações por ela assumidas afete gravemente os princípios da boa-fé e não esteja coberta pelos riscos próprios do contrato". Pode haver regimes especiais, como do regime jurídico do contrato de agência, artigo 30º, alínea *b)*, nos termos do qual o contrato de agência pode ser resolvido por qualquer das partes *b)* se ocorrerem circunstâncias que tornem impossível ou prejudiquem gravemente a realização do fim contratual, em termos de não ser exigível que o contrato se mantenha até expirar o prazo convencionado ou imposto em caso de denúncia.

2. Deixamos algumas notas sobre a alteração de circunstâncias do Código Civil.

A norma do artigo 437º reage a uma perturbação grave num contrato e radica numa ideia de justiça. Este aspeto habilita, desde já, a uma advertência: há que resistir à tentação de aplicar a todo o custo o artigo 437º, além do seu quadrante próprio e da sua vocação. Pode haver mais custos ou ser mais difícil prestar, porque existe uma pandemia, mas o sítio certo enquadrar o problema *pode não ser* o artigo 437º do Código Civil. Da mesma maneira, se a expectativa de receita é menor, em virtude da pandemia, *por si só* esta diminuição esperada da receita poderá não ser uma circunstância atendível no âmbito do artigo 437º. Recorde-se, ainda, a máxima que nos parece dever presidir à aplicação do Direito em contexto de crise: ninguém pode ficar, por força de regras corretivas, melhor do que estaria se não tivesse havido pandemia.

3. O princípio é o de que os contratos são para cumprir. A exceção a de que os contratos devem ser revistos. A jurisprudência reitera esta ideia.

4. Os tribunais não estão limitados no caso de "grande alteração de circunstâncias", mas a crise exige segurança jurídica e, tanto quanto possível, correções globalmente ponderadas.

5. A alteração das circunstâncias não é critério delimitador dos esforços e dispêndios exigíveis ao devedor: o devedor deve cumprir com diligência, o que pode implicar atos de diligência preventiva (para evitar disrupções) e de diligência reativa, para superar impedimentos ao cumprimento do programa obrigacional. O devedor obriga-se a cumprir de acordo com a diligência que lhe é exigível, densificada à luz do critério normativo da diligência do *bonus pater familias*, previsto no artigo 487º, nº 2, aplicável também à culpa contratual (artigo 799º, nº 2).

6. O ponto fundamental está na análise dos pressupostos do artigo 437º, sendo útil, na minha opinião, compreender este regime através de grupos de casos, sendo os mais frequentes[11]:

[11] Retomamos a nossa ideia e texto de CATARINA MONTEIRO PIRES, *Contratos – I. Perturbações na execução*, p. 197 ss.

- Os casos de perturbação da equivalência das prestações (desequilíbrio superveniente entre prestação e contraprestação);
- Os casos de frustração do fim programado que não sejam casos de impossibilidade de prestar;
- Os casos de desaparecimento de pressupostos que correspondam à "base do negócio", desde que não sejam "conteúdo do negócio".

7. O plano de risco do contrato desenhado pelas partes é o centro de gravidade do artigo 437º, a boa-fé o elemento omnipresente no preceito. O artigo 437º não serve para alterar a distribuição de risco projetada pelas partes, mas sim para a preservar. O que há muitas vezes são planos de risco difíceis de descobrir, porque dependem de alegação e prova de várias circunstâncias e da leitura do contrato com um todo. Devem aplicar-se os princípios gerais em matéria de ónus da prova: cabe à parte interessada na modificação ou resolução alegar e provar os factos constitutivos do seu direito (cf. artigo 342º).

8. O que a meu ver oferece grande dificuldade, tanto no direito alemão como no direito português, é saber o que é a "base do negócio". Base negócio objetiva ou subjetiva ou ambas? Como se separa do conteúdo do negócio? Tantas décadas depois, os escritos de três Autores alemães continuam a oferecer as pistas mais relevantes. Para Oertmann, a base do negócio seria «a representação de um participante, que surge aquando da conclusão do negócio, cujo significado é reconhecido e não contestado pela contraparte ou a representação conjunta de vários sujeitos acerca da existência ou da superveniência de certas circunstâncias, em cuja base assenta a vontade negocial». Para Larenz, a base do negócio compreenderia ainda as circunstâncias de cuja existência ou duração depende o significado e o fim do

próprio contrato. Para Flume, o conceito de base do negócio é inoperativo e os problemas são problemas de interpretação do contrato.

9. Muito importante é a relação entre o artigo 437º e o tempo, considerando o caráter temporário da pandemia. A ideia de um "equilíbrio contratual", quando referida a um contrato prolongado, não pode ser transformada num juízo pontual e limitado a um só momento da vida desse contrato. Se existir um pontual desajustamento, mas se anteciparem prováveis movimentos de sinal inverso, pode não se justificar a modificação do contrato ao abrigo do artigo 437º.

10. Irá certamente colocar-se a questão de saber se no artigo 437º deve ponderada *toda a esfera da parte afetada* ou apenas *a esfera com relação direta com o contrato*. Por exemplo: o desequilíbrio no contrato em causa não é grave, nem intenso, mas a situação económica global do devedor é gravíssima. Deve aplicar-se o artigo 437º? Na nossa opinião não, sob pena de se transferir para o credor um conjunto de riscos do devedor alheios à esfera daquele. Há que distinguir entre os riscos próprios do contrato e os riscos que cabem à "esfera de vida ou de atividade" da contraparte.

11. Em princípio, não há resolução nem modificação de contratos já executados por alteração das circunstâncias.

12. Na minha opinião, o contrato *pode* ser resolvido ou modificado por alteração de circunstâncias de forma extrajudicial. Contudo, se as partes não chegarem a acordo, a modificação do contrato será realizada pelo tribunal, dentro dos limites do pedido[12] ou por uma outra entidade.

[12] Catarina Monteiro Pires, *Efeitos da alteração das circunstâncias*, p. 186 ss.

III. Possíveis dúvidas quanto ao regime a aplicar a certos problemas: alguns exemplos

Analisamos seguidamente, de forma exemplificativa, duas dúvidas. No primeiro caso, falta norma expressa, o que pode dificultar o enquadramento. No segundo caso, está em causa uma situação de fronteira, que pode suscitar dúvidas sobre o regime aplicável.

A. Primeiro exemplo: incerteza quanto ao regime, por falta de norma expressa

1. A questão que aqui coloco é a de saber se, no contexto da pandemia, se deve aceitar um dever de renegociar os contratos e se é possível o recurso aos tribunais, alegando a violação de um dever de renegociar.

2. Na prática, a renegociação tem sido tratada em Portugal em dois contextos: no contexto do artigo 437º, como uma espécie de "antecâmara" a um início de um processo de alteração de circunstâncias, e fora do artigo 437º.

3. *Primeira pergunta:* quando ela ocorre no âmbito do artigo 437º, quais os mecanismos aplicáveis, se a outra parte não renegociar ou se a negociação se frustrar por causa imputável a uma parte? Na minha opinião, os mecanismos começam por ser os do próprio artigo 437º. A parte pode recorrer ao tribunal e, portanto, pedir uma modificação do contrato. Poderá haver aqui danos e responsabilidade civil (cf. artigos 562º ss), mas na generalidade dos casos será muito difícil alegar e provar a existência aqui a existência de danos, a não ser que haja investimentos feitos por causa de negociações chicaneiras ou com propósitos fraudulentos.

4. Caso mais difícil: o de a renegociação não ocorrer ao abrigo do artigo 437º, mas ao abrigo do artigo 762º, nº 2 do Código Civil, portanto ao abrigo da regra da boa-fé. A boa-fé pode impor, paralelamente ao artigo 437º e em determinados tipos de contratos, designadamente em contratos prolongados, uma renegociação das prestações. E, neste caso, pergunta-se: o incumprimento desse dever de renegociação – que é um dever-processo, não é um dever-resultado –, pode ou não implicar responsabilidade civil? Pode implicar responsabilidade civil, em princípio limitada a uma indemnização pelo interesse contratual negativo (artigos 562º ss).

B. Segundo exemplo: o problema da frustração do fim

1. Vejamos agora um segundo problema, correspondente a casos de fronteira entre o regime do artigo 437º e o regime dos artigos 790º do CC. Havendo uma frustração do fim, pode perguntar-se qual o regime aplicável, na falta de disposição contratual.

2. A dúvida coloca-se, mais restritamente, muitas vezes entre o regime da alteração das circunstâncias e o regime da impossibilidade de prestar. Como diferenciar? A minha proposta destaca quatro aspetos.

Primeiro, a frustração do fim pode ser enquadrada na impossibilidade de prestar, em certos casos.

Segundo, é útil a distinção entre prestação de fim neutro e prestação de fim vinculado. Na segunda, ao contrário da primeira, há um acordo quanto ao fim e, por isso, frustração do fim é, em si mesma, um sinal de impossibilidade de prestar.

Terceiro, nos casos em que a frustração do fim implique uma impossibilidade, isto quer apenas dizer que a pretensão do credor ao cumprimento natural é excluída, mas nada implica, por si só, quanto ao risco da contraprestação. Para saber se a contraprestação é ou não devida há que determinar, na falta de regime especial (como o do artigo 1227º), se a prestação é imputável ao credor ou se não é imputável a nenhuma das partes (cf. artigo 795º).

Quarto, a alteração das circunstâncias diz respeito a *circunstâncias fundadoras do contrato*, e não a vinculações assumidas através do *conteúdo do próprio contrato*.

II
Revisitando a modificação de contratos comerciais por tribunais com fundamento em alteração de circunstâncias, após um ano de pandemia

1. O tema da alteração das circunstâncias não é novo no direito português, e já tive oportunidade de o abordar em estudos anteriores, seja quanto ao respetivo âmbito e pressupostos[13], seja ainda quanto aos respetivos efeitos[14]. No presente texto, revisitamos algumas dessas reflexões antigas perante alguns problemas trazidos pelo contexto atual, de um ano de pandemia e de uma crise económica que se precipita e desenvolve. A ocasião que inicialmente justificou que retomassemos o tema foi a intervenção numa conferência promovida pelo Conselho Regional de Lisboa da Ordem dos Advogados em 15 de maio de 2020, às quais se seguiram, depois, outras.

[13] CATARINA MONTEIRO PIRES, *Contratos I. Perturbações na execução*, p. 179 ss.
[14] CATARINA MONTEIRO PIRES, *Efeitos da alteração das circunstâncias*, O Direito, 2013, I-II, p. 181 ss. Depois deste estudo, foi publicada a dissertação de doutoramento de MARIANA FONTES DA COSTA, *Da alteração superveniente das circunstâncias. Em especial à luz dos contratos bilateralmente comerciais*, Almedina, Coimbra, 2017.

2. A figura que nos ocupará está, como se sabe, consagrada nos artigos 437º e 438º do Código Civil[15], sendo neste âmbito, e não no quadro de regulações especiais ou excecionais, que nos movemos.

3. As contingências económicas e sociais verificadas desde março de 2020 trouxeram para as "luzes da ribalta" a ideia de uma modificação do contrato por alteração de circunstâncias ou mesmo de uma renegociação, enquanto possíveis estratégias de transferências de perdas registadas, de custos agravados ou mesmo de propósitos e utilidades frustradas. A regra continua, porém, a ser a de que os contratos devem ser cumpridos (*pacta sunt servanda*), sob pena de colocar em risco a autonomia privada das partes e a segurança jurídica e de criar uma *segunda crise*, trazida por ingerências indevidas em contratos.

4. Alguns contratos comerciais contemplam cláusulas de *hardship*[16], cláusulas de renegociação[17] ou cláusulas "*material adverse change*"[18],

[15] António Menezes Cordeiro, *Tratado de Direito Civil, Direito das Obrigações. Cumprimento e não-cumprimento. Transmissão. Modificação e extinção*, IX, 3ª ed., Almedina, Coimbra, 2017, p. 640 ss, Luís Menezes Leitão, *Direito das Obrigações*, II, 12ª ed., Almedina, Coimbra, p. 137 ss.

[16] Judith Martins-Costa, "A cláusula *hardship* e a obrigação de renegociar nos contratos de longa duração", Revista de Arbitragem e Mediação (7), 2010, p. 14 ss, António Pinto Monteiro/Júlio Gomes, *A* hardship clause *e o problema da alteração das circunstâncias (breve apontamento), Juris et de jure. Nos vinte anos da Faculdade de Direito da Universidade Católica Portuguesa – Porto*, coord. Manuel Afonso Vaz, J. Azeredo Lopes, Universidade Católica, Porto, 1998, p. 39 ss.

[17] Wolfgang Hau, *Vertragsanpassung und Anpassungsvertrag*, Mohr Siebeck, Tubinga, 2003, p. 333 ss, Anderson Schreiber, *Equilíbrio Contratual e Dever de Renegociar*, Saraiva, São Paulo, 2018, p. 313 ss.

[18] Sobre as cláusulas "MAC" pode ver-se o nosso estudo *Cláusulas de preço fixo, de ajustamento de preço e de alteração material adversa ("MAC") e cláusulas de força maior – Revisitando problemas de riscos de desequilíbrio e de maiores despesas em tempos virulentos*, publicado na Revista da Ordem dos Advogados, nº 80, vol I-II, 2020, disponível em https://portal.oa.pt/media/131416/catarina-monteiro-pires.pdf.

operando no respetivo âmbito a modificação ou até mesmo a renegociação. Nestes casos, os problemas que se colocam são, fundamentalmente, questões de interpretação do negócio jurídico. Quanto a estas, além dos parâmetros bem conhecidos dos artigos 236º e ss do Código Civil, haverá que verificar se as partes contemplaram, elas próprias, regras sobre a interpretação contratual (caso em que, em princípio, prevalecerão). Não havendo regulação contratual diretamente reguladora do "risco", ainda assim é importante ter presente que qualquer elemento de um conjunto mais amplo de disposições deve ser interpretado sem perder de vista esta sua inserção, isto é, como uma parte do acordo comum (regra de globalidade) e que, em caso de dúvida, se deve presumir que as partes visaram o sentido racional e pretenderam celebrar um contrato dotado de coerência interna (regra de racionalidade e coerência). Ao intérprete, e julgador, é lícito presumir que, em certos contextos padronizados, uma parte normal e racional agiria de determinado modo, para salvaguardar os seus interesses. Esta interpretação pode mesmo transcender formalmente o texto do próprio contrato, caso existam uniões contratuais a considerar[19].

5. Pode perguntar-se se as cláusulas de mitigação de danos[20], comuns em certos contratos de matriz anglosaxónica, devem também ser convocadas numa discussão de alteração das circunstâncias, hipótese que não nos parece de excluir, dependendo, naturalmente, da materialização da contingência em causa e da questão de saber se estão efetivamente em causa *danos* ou apenas desvantagens.

[19] Stefan Grundmann, *Vertragsnetz und Wegfall der Geschäfsgrundlage, FS für Harm Peter Westermann zum 70. Geburtstag*, org. Lutz Aderhold, Barbara Grunewald, Dietgard Klingberg, Walter G. Paefgen, Otto Schmidt, Colónia, 2008, p. 227 ss).

[20] Sobre a mitigação de danos nos direitos anglófonos, Dário Moura Vicente, *Direito Comparado*, II, *Obrigações*, Almedina, Coimbra, 2017, p. 306.

6. A norma do artigo 437º, nº 1, permite à parte afetada pela alteração das circunstâncias exigir uma modificação do contrato segundo juízos de equidade[21]. Como tivemos oportunidade de expor em estudo anterior, não nos parece que exista propriamente uma ordenação hierárquica entre os meios de reação da parte afetada perante uma alteração das circunstâncias: a densificação e o preenchimento dos fundamentos do artigo 437º, nº 1, apontarão, em regra, para apenas uma solução. A ideia de uma hierarquia de meios de reação imposta pelo Direito, além de suscitar dúvidas perante a ideia de autonomia privada das partes, dificilmente se aplica a este contexto se admitirmos, como nos parece, que a modificação não opera propriamente nos mesmos casos em que se verifica a resolução. A escolha da parte afetada não é livre, dado que se move no âmbito do artigo 437º, mas, dentro deste, não há uma espécie de *escalonamento*: sendo a situação grave ao ponto de legitimar a resolução, pode a parte afetada recorrer a este meio, como pode decidir absorver certas desvantagens e pedir apenas a modificação[22]. A finalidade do contrato e as circunstâncias atendíveis no âmbito do artigo 437º terão certamente particular importância, como, de resto, salientava já Vaz Serra[23]. Por este

[21] Sobre a modificação do contrato, Helmut Köhler, *Rückwirkende, Vertragsanpassung bei Dauerschuldverhältnissen?, FS für Ernst Steindorf zum 70. Geburtstag*, org. Jürgen F. Baur [et al], Walter de Gruyter, Berlim, Nova Iorque, 1990, p. 611 ss, em particular p. 620 ss), Helmut Heinrichs, *Vertragsanpassung bei Störung der Geschäftsgrundlage. Eine Skizze der Anspruchslösung des 313 BGB, FS für Andreas Heldrich zum 70. Geburtstag*, org. Stephan Lorenz, Alexander Trunk, Horst Eindenmüller, Christiane Wenderhorst, Johannes Adolff, Beck, Munique, 2005, p. 183 ss Frank Beyreuth, *Die Durchsetzung des Anspruchs auf Vertragsanpassung beim Wegfall der Geschäftsgrundlage*, Nomos, Baden-Baden, 2004, p. 14 ss.

[22] M. J. Almeida Costa, *Direito das obrigações*, Almedina, Coimbra, 2009 (12ª ed.), pp. 347-348: "o lesado é livre de solicitar a resolução do contrato ou a modificação equitativa das suas cláusulas".

[23] Adriano Vaz Serra, *Anotação ao Ac. do S.T.J. de 6 de Abril de* 1978, RLJ nº 3631, 1978, (p. 345 ss), p. 348.

motivo, considerámos ainda que "nas situações em que tanto a modificação quanto a resolução sejam abstratamente convocáveis, entendemos que o artigo 437º, nº 2, concede à parte não afetada a faculdade de se opor ao pedido de resolução, declarando aceitar a modificação do contrato, desde que esta solução seja concretamente exigível a ambas as partes".

7. Que os tribunais, judiciais ou arbitrais, podem modificar contratos, é um dado inequívoco (quanto à arbitragem cf. o artigo 1º, nº 4 da Lei de Arbitragem Voluntária). O que pode ser controverso é saber se a parte afetada pode reclamar extrajurisdicionalmente essa modificação e determinar, ainda, nos casos em que o pedido é feito perante um tribunal, como opera a referida modificação. Quanto ao primeiro aspeto, conforme já escrevemos, e reiteramos, a parte afetada não tem um "crédito ao contrato modificado", nem um "direito potestativo de modificar extrajudicialmente o contrato", segundo o seu próprio critério[24]. Contudo, acrescentamos agora uma nota complementar a este raciocínio: é que isto não quer dizer que não se reconheça um espaço legítimo à autonomia privada das partes. O que o artigo 437, nº1 impõe é que a modificação, quando realizada por um tribunal, seja ele judicial ou arbitral, deve ser feita de acordo com os juízos de equidade, mas não afasta a possibilidade de essa mesma modificação ser conseguida por outra via, extrajudicial, e com recurso a outros critérios, a critérios fixados pela autonomia privada das partes.

8. Ainda quanto ao modo da modificação, pensemos, por facilidade de raciocínio, numa arbitragem a que seja aplicável a Lei de Arbitragem Voluntária Portuguesa. A condenação em quantidade superior

[24] CATARINA MONTEIRO PIRES, *Efeitos da alteração das circunstâncias*, p. 187.

ou em objeto diverso do pedido, tal como o conhecimento pelo tribunal de questões de que não podia tomar conhecimento são causas de anulação da sentença arbitral (cf. artigo 46º, nº 3 v) da LAV). A modificação de um contrato por alteração de circunstâncias não é de conhecimento oficioso[25]. O pedido de modificação por alteração das circunstâncias deve ser deduzido pela demandante ou pela demandada e será dentro do âmbito em que foi deduzido que o tribunal o poderá conhecer, sob pena de condenação *ultra petita*. Se a demandante pedir uma modificação do contrato, a demandada pode contestar, designadamente invocando exceções ou impugnando os factos que fundamentariam a pretensão da demandada, e/ou apresentar um pedido alternativo de modificação do contrato. Contudo, esta última hipótese estará sujeita a dois limites: o dos termos do pedido reconvencional e ainda os do próprio artigo 437º, nº 1.

Não parece que à demandada assista o direito de pedir a resolução do contrato, apenas enquanto reação ao pedido de modificação: se um tal direito existir será por razões autónomas (num caso em que ambas as partes estejam legitimadas, por motivos diferentes, a invocar a alteração das circunstâncias).

9. Um outro aspeto prende-se já com o momento da produção dos efeitos da modificação: o momento em que o pedido de modificação ou de resolução é realizado, o momento em que a sentença é prolatada ou o momento em que ocorreu a alteração das circunstâncias? Na nossa opinião, como dissemos anteriormente[26], e mantemos, parece-nos que a solução mais adequada será, em regra, a da fixação de efeitos à data do pedido deduzido pela parte afetada, a não ser que esta, deduzindo o pedido em certa data, reclame a produção

[25] *Vide* o nosso estudo já citado *Efeitos da alteração das circunstâncias*, p. 192 ss.
[26] No estudo já citado, *Efeitos da alteração das circunstâncias*, p. 188 ss.

de efeitos apenas a partir de certa data futura ou que qualquer outra circunstância faça com que a produção de efeitos naquela data torne o contrato insuscetível de ser executado.

10. Finalmente, deve salientar-se que a modificação de um contrato não se desliga da própria natureza do mesmo. O prolongamento no tempo de um contrato não se coaduna com a ideia de um juízo que compare apenas dois pontos do tempo: o contrato, tal como foi firmado, e o contrato à data do pedido da parte afetada por certa superveniência. A parte afetada deverá outrossim ter consciência da "linha do tempo" que se entretece ao longo da execução contratual e que pode levar a excluir uma modificação do contrato em virtude de um pontual desajustamento, compensável com movimentos expectáveis de sinal inverso[27].

11. A modificação do contrato tem ainda limites e pressupostos materiais. Como já se notou "se a execução sem modificações do contrato onerar uma das partes com um risco que não lhe seja contratualmente atribuído, deve esta ser liberada do mesmo, através de uma correspondente correção do contrato"[28]. O ponto essencial é, pois, interpretar o contrato, de modo a apurar a atribuição de riscos[29].

[27] Os problemas do prolongamento do tempo são melhor desenvolvidos no nosso estudo, com Diogo Tapada dos Santos, *"Contratos prolongados": entre dogmas carecidos de revisão e problemas carecidos de sinalização.*

[28] Helmut Köhler, *Die Lehre von der Geschäftsgrundlage als Lehre von der Risikobefreiung, 50 Jahre Bundesgerichtshof. Festgabe aus der Wissenschaft*, vol. I, *Bürgerliches Recht*, org. Claus-Wilhelm Canaris e Andreas Heldrich, Beck, Munique, 2000, (p. 295 ss), p. 309.

[29] Franz Jünger Säcker, *Die Anpassung von langfristigen Verträgen an bei Vertragsschluss unvorhergesehene und unvorhersehbare Umstände im Wege der ergänzenden Vertragsauslegung, FS für Harm Peter Westermann zum 70. Geburtstag*, org. Lutz Aderhold [et al], Otto Schmidt, Colónia, 2008, p. 617 ss.

O exercício pode ser difícil, mas qualquer via facilitadora que o ignore pode resvalar para uma preterição indevida da autonomia privada das partes. A autoregulação privada de interesses deve ser respeitada, repensada num novo contexto. O contrato constitui o referente essencial do intérprete e do decisor[30]. Como nota António Menezes Cordeiro, "a vontade das partes é sempre determinante: consoante o objetivo do contrato, as margens de lucro e de risco que os contraentes nele tenham inserido e o demais clausulado relevante, assim a modificação"[31].Este aspeto não significa, naturalmente, apagar a omnipresença da boa-fé no seio do artigo 437º, nº 1, mas apenas reconhecer que, num litígio em que esteja em causa uma alteração das circunstâncias, há que partir do contrato e a ele regressar. Aliás, antes mesmo da modificação do contrato, deve ponderar-se se o caso em apreço não se resolverá através do artigo 239º: conhecendo-se as diferenças entre esta norma e a interpretação complementadora alemã, a verdade é que também não se podem recusar as respetivas similitudes, nem, com isso, ignorar as posições que realçaram o papel desta figura na resolução de problemas causados por superveniências contratuais[32].

12. Temos considerado que numa alteração de circunstâncias deve ser ponderado, para determinar se a situação ofende ou não a boa-fé, tudo o que diga respeito à *esfera da parte afetada com relação direta com o*

[30] Em sentido diferente, considerando que "a presente epidemia situa-se para lá de tudo o que as partes podiam razoavelmente cogitar e não há, nesse sentido, um critério "intracontratual" que, por si, o permita resolver", MANUEL CARNEIRO DA FRADA, *A alteração das circunstâncias à luz do Covid-19. Teses e reflexões para um diálogo*, ROA 2020, p. 153 ss.

[31] ANTÓNIO MENEZES CORDEIRO, *Tratado de Direito Civil, Direito das Obrigações. Cumprimento e não-cumprimento. Transmissão. Modificação e extinção*, IX, 3ª ed., Almedina, Coimbra, 2017, p. 698.

[32] HELMUT KÖHLER, *Die Lehre*, p. 304 ss.

contrato, e não toda a situação económica dessa parte, ainda que desligada do contrato. A equidade que permite modificar o contrato pode, porém, apelar a uma consideração do impacto global da medida, mas a equidade só é convocada nos casos em que seja o critério a aplicar e se os requisitos do artigo 437º, nº 1, estiverem cumpridos[33].

13. Ao longo do último ano, amiúde se questionou se a solução para as perturbações ocorridas não passaria por uma renegociação do contrato, invocando o artigo 437º[34]. Parece-nos que este problema deve ser analisado distinguindo consoante o contrato em apreço (ou outro com ele coligado) preveja, ou não, uma cláusula contratual de renegociação (a qual, por seu turno, não se confunde com cláusulas de adaptação automática, nem com cláusulas de determinação da prestação em contratos abertos ou incompletos).

No caso de ausência de cláusula de negociação ou de renegociação, a parte afetada não tem o direito a um resultado negocial final[35], pode solicitar a abertura de um processo negocial, mas a renegociação não é *conditio sine qua non* de uma modificação jurisdicional do contrato. *Vejamos melhor.*

14. A ideia de um dever de renegociar surge com colocações distintas, no panorama dos países de *civil law* e é importante não perder este aspeto de vista: importar construções estrangeiras pode equivaler a ignorar as soluções nacionais. Tendo por horizonte a comparação de direitos, vemos que, nos ordenamentos jurídicos em que não há uma

[33] Assim, António Menezes Cordeiro, *Tratado de Direito Civil, Direito das Obrigações*, p. 698.

[34] Catarina Monteiro Pires, *Efeitos da alteração das circunstâncias*, p. 198 ss.

[35] Como nota Eidenmüller, trata-se de um dever de renegociar (*Neuverhandlungpflicht*), e não de um dever de acordar (*Zustimmungspflicht*) – cf. Horst Eidenmüller, *Neuverhandlungspflichten bei Wegfall der Geschäftsgrundlage*, ZIP 13/1995, (p. 1063 ss), em particular p. 1064.

previsão legal expressa de modificação dos contratos por alteração das circunstâncias, como é o caso do italiano, ou onde a questão comporta alguma discussão, como o caso brasileiro[36], ou ainda do direito alemão anterior a 2001-2002 que nem sequer previa a alteração de circunstâncias propriamente dita, a renegociação figura como uma via alternativa de adaptação do conteúdo negocial a determinadas superveniências contratuais. Em sistemas que acolhem, ou recebem mesmo amplamente, a modificação por alteração das circunstâncias (ou figura análoga, como a modificação fundada em perturbações da base do negócio do direito alemão atual), como é o caso do português, a renegociação deve ser compreendida como um mecanismo destinado a garantir uma menor intervenção judicial nos contratos e a assegurar que o resultado final do ajustamento corresponde ao sentido da autonomia privada das partes[37].

No Direito alemão atual (que acolhe no §313 BGB uma norma que pretende resolver problemas semelhantes aos do artigo 437º do Código Civil), não há consenso sobre um tal dever de renegociar[38].

[36] A onerosidade excessiva é motivo de resolução do contrato, de acordo com a norma do artigo 478º do Código Civil Brasileiro, mas o artigo 317º do mesmo Código dispõe depois que "*Quando, por motivos imprevisíveis, sobrevier desproporção manifesta entre o valor da prestação devida e o do momento de sua execução, poderá o juiz corrigi-lo, a pedido da parte, de modo que assegure, quanto possível, o valor real da prestação*". Neste contexto, a doutrina tem discutido se é admissível uma revisão contratual mesmo *prater legem* – Francisco Marino, *Revisão contratual. Onerosidade excessiva e modificação contratual equitativa*, Almedina, São Paulo, 2020, p. 21 ss, Judith Martins-Costa, *A boa fé no direito privado*, p. 646 ss. Sobre o dever de renegociar *vide* Anderson Schreiber, *Equilíbrio Contratual e Dever de Renegociar*, em particular p. 291 ss.

[37] *Vide* Helmut Heinrichs, *Vertragsanpassung*, pp. 196-197 e, mais recentemente, Walter Doralt, *Langzeitverträge*, Mohr Siebeck, Tubinga, 2018, p. 381 ss.

[38] Vide Florian Loyal, *Ansprüche auf Vertragsanpassung – eine Dekonstruktion*, AcP 214, 2014, p. 746 ss, Jan Lüttringhaus, *Verhandlugsplfichten bei Störung der Geschäftsgrundlage, Ein Beitrag zur Dogmatik. Und Durchsetzung von Anpassungsanspruch und Verhandlungsplfichten nach §313, Abs. 1 BGB*, ACP 213, 2013, p. 266 ss, Walter Doralt, *Langzeitverträge*, p. 381 ss.

A discussão é fomentada em particular por uma referência feita nos trabalhos preparatórios à renegociação do contrato entre as partes[39], mas admitindo-se que as referências são inconclusivas, a controvérsia desloca-se para a bondade da imposição do dever, considerando o sentido da autonomia privada das partes e os estímulos eficientes a uma negociação que evite um desfecho judicial[40].

No Direito português, a posições já sustentadas anteriormente[41], juntaram-se outras recentes, já no contexto da crise, apelando a um dever de renegociar[42].

Pela nossa parte, mantemos o que escrevemos anteriormente: não existe um dever de acordar em certo sentido, mas pode resultar das exigências da boa fé (cf. artigo 762º, nº 2) – e, de um ponto de vista prático, da conveniência das próprias partes em determinar o sentido do reequilíbrio ou da adaptação contratual – a necessidade de as partes envidarem esforços de negociação, pautados pelos padrões éticos comuns, não devendo, porém, esta exigência ir além de uma participação no processo de negociação[43]. Sendo a superveniência inesperada, será importante que as partes troquem informações sobre as perspetivas contratuais que a mesma implica e sobre a posição relativa de cada uma quanto à execução do contrato. Raros serão os casos em que as informações partilhadas no processo negocial prévio à celebração do próprio contrato permitem reter estes elementos. Naturalmente que, num contrato com interesses opostos, será de esperar aproximações diferentes ao impacto da mesma superveniência e à solução para

[39] BT-Drucks. 14/6040, p. 176.

[40] Veja-se nesse sentido a linha de argumentação de Walter Doralt, *Langzeitverträge*, p. 381 ss.

[41] Nuno Pinto Oliveira, *Princípios*, p. 134 e pp. 582 ss. O Autor não exclui, porém, a hipótese de se tratar de um ónus (*idem*, p. 582).

[42] Diogo Costa Gonçalves, Anotação ao artigo 762º em *Novo Coronavírus e Crise Contratual*, anotação ao Código Civil, coord. Catarina Monteiro Pires, AAFDL, 2021.

[43] Catarina Monteiro Pires, *Efeitos da alteração das circunstâncias*, p. 203 ss.

a mesma, mas isto não impede uma colaboração mínima, no sentido de permitir verificar se é possível alcançar um consenso, através de informações mútuas, sem oportunismos, nem dilações chicaneiras,

Fica a dúvida sobre o caminho que será seguido pelos tribunais portugueses. Na Alemanha, o BGH já se pronunciou favoralmente quanto ao dever de renegociar, entendendo que o mesmo resulta da alusão feita pelo §313 BGB à modificação ou adaptação do contrato. Segundo o Tribunal, o incumprimento do dever de renegociar poderá, havendo danos, ser fonte de um dever de indemnizar[44].

A recusa em renegociar um contrato (sem cláusula contratual) coloca-se durante a vigência do contrato, mas a ponderação das consequências respetivas não se diferenciam substancialmente das que se colocam em caso de *culpa in contrahendo* (artigo 227º) quanto aos seguintes aspetos: por um lado, ausência de um dever legal de atingir um determinado resultado e incerteza quanto ao conteúdo desse resultado, caso as partes entabulem renegociações, e, por outro lado, ordenação da conduta das partes mediante a observância de um agir leal e honesto (artigo 762º). Em vários casos, não haverá ilícito, em outros, havendo-o, não será possível concluir que sem a conduta do lesante teria sido concluído um contrato de teor diferente. Seja como for, estas são linhas gerais e, como notava já Baptista Machado[45], interessa avaliar o compromisso assumido, a intensidade da confiança e os seus efeitos.

15. A renegociação pode ter sido objeto de previsão contratual expressa, eventualmente até em ligação a uma cláusula compromissória escalonada. A visão dominante é a de que a ausência de rene-

[44] Sentença do BGH de 30 de setembro de 2011, na sequência de uma decisão do OLG Hamm.

[45] João Baptista Machado, *Tutela da confiança e "venire contra factum proprium"*, Obra Dispersa, I, Scientia Juridica, Braga, 1991, (p. 345 ss), p. 369.

gociação não obsta ao início da ação arbitral[46], nem à competência jurisdicional do tribunal, podendo naturalmente a conduta da parte que recusa negociar ser ponderada no âmbito da análise do mérito da causa. Neste caso, tratar-se-á já do incumprimento de uma cláusula contratual que impõe um dever de conduta, podendo desse incumprimento resultar custos adicionais para a contraparte, agravamento de danos, ou outros resultados.

16. Tratando-se de arbitragem internacional, poderá ser importante atentar ao disposto nos *Princípios Unidroit relativos a contratos comerciais internacionais*, também designados por PICC (*Principles of International Commercial Contracts*), mesmo que se possa discutir a respetiva natureza entre usos e mera recolha de princípios. Com efeito, dispõem tais Princípios que "em caso de hardship, a parte em desvantagem tem direito de pleitear renegociações. O pleito deverá ser feito sem atrasos indevidos e deverá indicar os fundamentos nos quais se baseia".

[46] É também a nossa posição, CATARINA MONTEIRO PIRES, *Convenção de Arbitragem*, em *Manual de Arbitragem Internacional Lusófona*, coord. Catarina Monteiro Pires e Rui Pereira Dias, Almedina, Coimbra, 2020, p. 65.

III
Impossibilidade temporária

1. Uma das questões mais discutidas em março de 2020 foi a do destino de contratos cuja execução não se afigurava, previsivelmente de forma temporária, exequível. O problema tocou, de forma aguda, a prestação e a contraprestação nas situações em que as partes não tivessem previsto uma cláusula específica no contrato, nomeadamente uma cláusula de força maior[47]. No plano jurídico, a atenção concentrou-se no regime supletivo da impossibilidade temporária, em particular da impossibilidade temporária não imputável ao devedor. Nos termos do artigo 792º, nº 1, do CC português, se a impossibilidade temporária não for imputável ao devedor este não responde pela mora no cumprimento (cf., sobre esta, artigos 804º e ss). O nº 2 do artigo 792º clarifica, depois que a impossibilidade só se considera temporária, atenta a finalidade da obrigação, se mantiver o interesse do credor. Também tocou, em particular, situações de ilegalidade equiparável à impossibilidade temporária, nomeadamente quanto a prestações de *dar* e de *fazer*.

[47] Sobre estas CATARINA MONTEIRO PIRES, *Cláusulas de preço fixo, de ajustamento de preço e de alteração material adversa ("MAC") e cláusulas de força maior – Revisitando problemas de riscos de desequilíbrio e de maiores despesas em tempos virulentos*, publicado na Revista da Ordem dos Advogados, nº 80, vol I-II, 2020, disponível em https://portal.oa.pt/media/131416/catarina-monteiro-pires.pdf

2. O tema merece algumas considerações adicionais. O regime da impossibilidade temporária não imputável do Código Civil português não é extenso e, aparentemente, não esclarece alguns aspetos: como determinar o destino da prestação e da contraprestação? O artigo 792º, nº 2, é um caso de conversão de impossibilidade temporária em definitiva ou de resolução contratual? Além do interesse do credor, pode ser relevante a situação do devedor durante o tempo de duração do impedimento?

3. O Direito alemão não é exatamente igual ao Direito português neste ponto, suscitando até ainda mais dúvidas do que as que se colocam à luz do Código Civil, desde logo porque o regime parece mesmo omitir a impossibilidade temporária. Em todo o caso, a discussão tida pela doutrina em torno da figura revela alguma utilidade.

Comecemos por notar que, na Alemanha, a impossibilidade temporária não foi expressamente regulada no Código, a versão originária do BGB não aludia expressamente à impossibilidade superveniente temporária, o que originou discussões na doutrina, nomeadamente quanto a saber se o regime deveria ser aproximado da disciplina da impossibilidade definitiva[48]. A reforma alemã do Direito das Obrigações de 2001-2002 não atenuou as hesitações, persistindo algumas dúvidas quanto ao correto enquadramento da impossibilidade temporária[49]. O legislador parece mesmo ter deixado o tratamento da ques-

[48] Vide por exemplo, aproximando a impossibilidade temporária à definitiva, ULRICH HUBER, *Leistungsstörungen*, vol. I, *Die allgemeinen Grundlagen – Der Tatbestand des Schuldnerverzugs – Die vom Schuldner zu vertretenden Umstände*, Mohr Siebeck, Tubinga, 1999, p. 66 ss e p. 109.

[49] Cf. CLAUS-WILHELM CANARIS, *Die einstweilige Unmöglichkeit der Leistung, FS für Ulrich Huber zum siebzigsten Geburtstag*, org. Theodor Baums und Johannes Wertenbruch, Mohr Siebeck, 2006, p. 143 ss, ARND ARNOLD, *Die vorübergehende Unmöglichkeit nach der Schuldrechtsreform*, JZ 2002, (p. 866 ss), pp. 867-868, DIETER MEDICUS, *70. Geburtstag*, org. Stephan Lorenz, Alexander Trunk, Horst

tão – discutida no Direito pretérito e durante o processo legislativo[50] – a cargo da doutrina[51]. Ora, entre as várias questões discutidas na doutrina germânica, interessa-nos em particular uma, porque relevante também no Direito português: a de saber qual o regime aplicável à impossibilidade temporária não imputável ao devedor, quanto à prestação e quanto à contraprestação e, em particular como disciplinar os casos em que o impedimento se prolonga ou afeta uma das partes, perguntando-se se haverá uma conversão de impossibilidade temporária em impossibilidade definitiva ou uma situação de resolução do contrato. Vejamos algumas posições[52].

Segundo Arnold, a impossibilidade temporária excluiria (temporariamente) o dever de prestar (§275/1, correspondente ao artigo 790º do Código Civil). Se, porém, o credor perdesse o interesse na prestação, poderia ainda resolver o contrato, caso em que teríamos uma impossibilidade definitiva, equiparada à prevista no §275/1 do BGB[53].

Eindenmüller, Christiane Wenderhorst, Johannes Adolff, Beck, Munique, 2005, (p. 347 ss) pp. 347-348, Wolfgang Däubler, *Die vorübergehende Unmöglichkeit der Leistung*, FS *für Andreas Heldrich zum 70. Geburtstag*, org. Stephan Lorenz, Alexander Trunk, Horst Eindenmüller, Christiane Wenderhorst, Johannes Adolff, Beck, Munique, 2005, p. 55 ss.

[50] Cf. Arnd Arnold, *Die vorübergehende Unmöglichkeit*, p. 867.

[51] Há quem note que o regime da impossibilidade do BGB é apenas para a impossibilidade definitiva. Indicando tratar-se da doutrina dominante, Reiner Schulze/ Martin Ebers, *Streitfragen im neuen Schuldrecht*, JuS 2004, (p. 265 ss) p. 267.

[52] Uma posição distinta das referidas no texto foi sustentada por Dagmar Kaiser, *Zeitweilige Unmöglichkeit*, *FS für Walther Hadding zum 70. Geburtstag*, org. Franz Häuser, Horst Hammen, Joachim Heinrichs, Anja Steinbeck, Ulf R. Siebel, Reinhard Welter, Walter de Gruyter, Berlim, 2004, (p. 121 ss), em particular p. 125 ss. A Autora rejeita a aproximação da impossibilidade temporária à impossibilidade definitiva. Dentro do prazo para cumprir, a obrigação não seria impossível, nem se suspenderia. O impedimento temporário não poderia, ficionando o vencimento da obrigação, converter-se, sem mais, num impedimento definitivo.

[53] Arnd Arnold, *Die vorübergehende Unmöglichkeit*, cit., p. 867 ss, em particular p. 869.

Também Claus-Wilhelm Canaris dedicou atenção ao tema, propondo, do ponto de vista do sinalagma, a determinação de um efeito de suspensão temporária do dever primário de prestar mediante aplicação analógica da norma do §275 do BGB[54] e idêntica suspensão temporária da contraprestação, por aplicação analógica da norma do §326/1[55]. Quanto ao termo deste estado de suspensão, Canaris pondera as duas soluções disponíveis[56]: por um lado, a da resolução do contrato, decorrido determinado prazo fixado pela parte resolvente, por outro lado, a aplicação de um princípio de inexigibilidade de manutenção da vinculação, seguindo a formulação de Dieter Medicus[57]. O Autor opta pela primeira, através de uma proposta de aplicação analógica da norma do §323 do BGB, que não depende da imputabilidade da falta de cumprimento ao devedor[58]. O fundamento do §323, correspondente à reposição do «princípio de equivalência» entre prestação e contraprestação justificar-se-ia plenamente no caso da impossibilidade temporária. O contraargumento segundo o qual, em determinados casos, a prestação ter-se-ia tornado impossível antes do respetivo vencimento, não seria suficiente para afastar esta opção, posto que seria aceitável, do ponto de vista teleológico, a fixação de um momento hipotético de vencimento, desconsiderando o estado de suspensão da prestação[59]. Durante o tempo de suspensão, o devedor não ficaria desprotegido, uma vez que poderia contar com os mecanismos previstos no §313, verificados os respectivos requisitos[60].

[54] Claus-Wilhelm Canaris, *Die einstweilige Unmöglichkeit*, cit., p. 146 ss.
[55] Claus-Wilhelm Canaris, *Die einstweilige Unmöglichkeit*, cit., p. 150.
[56] Claus-Wilhelm Canaris, *Die einstweilige Unmöglichkeit*, cit., p. 151 ss.
[57] Dieter Medicus, *Bemerkungen zur „vorübergehende Unmöglicheit“*, cit., p. 350 ss.
[58] Claus-Wilhelm Canaris, *Die einstweilige Unmöglichkeit*, cit., p. 151 ss.
[59] Claus-Wilhelm Canaris, *Die einstweilige Unmöglichkeit*, cit., p. 155.
[60] Claus-Wilhelm Canaris, *Die einstweilige Unmöglichkeit*, cit., p. 157 ss.

4. Regressemos ao Direito português. Na nossa opinião, a aplicação adaptada do regime da impossibilidade definitiva é a melhor solução quanto à disciplina da prestação e da contraprestação. Com efeito, se a impossibilidade for temporária, além do efeito do artigo 792º, há uma suspensão da prestação, por aplicação analógica do princípio subjacente ao artigo 790º. Como considerámos em outros estudos, "a impossibilidade temporária não imputável às partes determina um efeito de *suspensão* ou de *paralisação* de posições jurídicas que ficam num estado de *quiescência*"[61]. Este efeito pode aceitar-se como decorrência do princípio subjacente ao artigo 790º[62].

5. Quanto à contraprestação, apesar de a lei não regular claramente este aspeto, é de aceitar que o dever de contraprestar, em contratos sinalagmáticos fica também temporariamente bloqueado ou suspenso, precisamente por força do sinalagma[63]. A solução conhece alguma proximidade com o disposto no artigo 795º, nº 1, embora no caso em apreço se trate de uma *suspensão*, e não de um *afastamento* da contraprestação. No fundo, a solução aceitável em Portugal não se diferencia substancialmente, quanto a este ponto, da que acima vimos ter sido proposta na Alemanha por Canaris.

6. Note-se, também, que, tal como sustentamos para a impossibilidade definitiva, a impossibilidade temporária prevista no Código Civil é apenas a impossibilidade temporária absoluta[64]. Além disso,

[61] Catarina Monteiro Pires, *Contratos I. Perturbações na Execução*, p. 175. Pode também ver-se a anotação ao artigo 792º em *Novo Coronavírus e Crise Contratual*, anotação ao Código Civil, AAFDL, 2020, o qual se encontra disponível em: https://aafdl.cld.bz/Novo-Corona-virus-e-Crise-Contratual.

[62] Catarina Monteiro Pires *Contratos I. Perturbações na Execução*, p. 176.

[63] *Idem*, p. 176.

[64] Nesse sentido, e com várias referências doutrinárias, Catarina Monteiro Pires, *Impossibilidade da prestação*, p. 523 ss, em particular p. 555 e, com várias referências jurisprudenciais, p. 531.

os problemas de tesouraria e a falta momentânea de liquidez não tornam a prestação temporariamente impossível, se não for aplicável um dos regimes excecionais que prevêm moratórias (como a moratória nas rendas inicialmente prevista na Lei nº 4-C/2020, de 6 de abril ou a moratória bancária do Decreto-Lei nº 10-J/2020, de 26 de março).

7. A saída da situação de impossibilidade temporária pode dar-se por cessação do impedimento. Pode também ocorrer, como já mencionado, que o impedimento se mantenha e o credor perca o interesse na prestação, atenta a respetiva finalidade (artigo 792º, nº 2). Ora, nestes casos, a prestação é afastada de forma definitiva. Tecnicamente, o artigo 792º exige uma uma declaração por parte do credor, semelhante à resolução[65].

8. E do ponto de vista do devedor? A doutrina admite também que a incerteza quanto à cessação do impedimento determine a impossibilidade definitiva, tomando em conta também os interesses do devedor, que de outro modo poderia ter de ficar vinculado a um prazo incerto[66]. Com efeito, não fica excluído que o devedor se encontre numa situação impeditiva do cumprimento do programa obrigacional e que, de acordo com um juízo de prognose, seja de concluir que o impedimento não cessará brevemente (não parece ser o caso da generalidade das situações ocorridas em virtude da pandemia) ou de concluir ainda que esse mesmo impedimento previsivelmente se prolongará por um período relevante de tempo, o qual, atenta a duração

[65] Catarina Monteiro Pires, *Contratos I. Perturbações na Execução*, p. 177.

[66] José Brandão Proença. Anotação ao artigo 792º, *Comentário ao Código Civil. Direito das Obrigações. Das Obrigações em* Geral, UCP, 2018, p. 1088, com outras referências.

do contrato e a situação do devedor, poderá, na falta de disposição contratual em contrário, legitimar a desvinculação deste[67].

9. A impossibilidade temporária não imputável não afasta definitivamente a pretensão do credor ao cumprimento natural (nem tão pouco extingue o dever de prestar), pelo que, uma vez cessado o impedimento, o devedor continuará obrigado a cumprir. Esta circunstância pode levantar dúvidas quanto às medidas exigíveis ao devedor para "recuperar o tempo perdido" e retomar o programa de cumprimento. Naturalmente que a necessidade de um cumprimento diligente continua a colocar-se neste momento, mas poderá o mesmo não ser suficiente para um cumprimento atempado. Neste caso, haverá um atraso em relação à data devida, salvo nos casos de prestação de prazo absolutamente fixo ou de perda do interesse do credor, dado que nestas hipóteses o cumprimento *além* do momento devido torna-se inútil.

10. Finalmente, questiona-se qual o regime aplicável ao agravamento dos custos e dispêndios da prestação durante o período do impedimento, pressupondo que o próprio devedor pretende manter o contrato. O que se questiona é se estes custos ficam totalmente a cargo do devedor ou se podem ser repartidos com o credor, nomeadamente nas situações em que não exista uma cláusula de força maior. Comecemos por notar que, se a pandemia tiver agravado a dificuldade de cumprir de um devedor que já se encontrava em mora (de acordo com o artigo 804º, nº 2, o devedor considera-se constituído em mora quando, por causa que lhe seja imputável, a prestação, ainda possível, não foi efetuada no tempo devido), nesta hipótese, não se aplica o disposto no artigo 792º, nº 1, embora o caso possa também

[67] Como sustentámos em CATARINA MONTEIRO PIRES, *Contratos I. Perturbações na Execução*, p. 177.

obrigar a diferenciar entre tipos de mora. Se as partes não previram uma cláusula de força maior, nem qualquer regra de repartição de custos, cabe questionar se pretenderam atribuir estes mesmos custos ao devedor. Note-se que, tal como sustentámos em outros estudos, o devedor está também obrigado a uma diligência reativa (e não apenas preventiva)[68]. Em particular, podem ser-lhe exigidos esforços para superar impedimentos à prossecução do programa obrigacional. O plano de custos e dispêndios pode bem não corresponder ao que o devedor projetou. Verificando-se um imprevisto, o devedor não pode pura e simplesmente transferir todo e qualquer custo para o credor.

Se esses custos não puderem ser tidos como custos do devedor, porque excedem a diligência que lhe é devida, e se não lhe forem imputáveis, poderá questionar-se se poderá haver lugar a uma modificação do contrato por alteração das circunstâncias limitada ao período do impedimento, em termos análogos aos sufragados por Canaris no direito alemão. Permitimo-nos recordar o que acima escrevemos sobre modificação do contrato, acrescentando, nesta sede, que não se pode olvidar que, havendo perda do interesse do credor, aplicar-se-á o disposto no artigo 792º, nº 2.

[68] Catarina Monteiro Pires, *Limites dos esforços e dispêndios exigíveis ao devedor para cumprir*, Revista da Ordem dos Advogados, 2016, p. 105 ss, disponível on-line no *site* da Ordem dos Advogados: https://portal.oa.pt/media/122447/roa-i_ii_iii_iv-2016-web.pdf.

IV
Contrato de empreitada e pandemia

1. O presente texto trata do contrato de empreitada perante as dificuldades do último ano e corresponde ao esquema da nossa intervenção num *videocast* do Centro de Investigação de Direito Privado da Faculdade de Direito da Universidade de Lisboa realizado em 22 de abril de 2020 e intitulado *Novo Coronavírus e gestão da crise contratual. Contratos em especial e responsabilidade.*

2. Uma primeira reflexão é de que não suscitam hoje grandes dúvidas que com a declaração da pandemia pela Organização Mundial de Saúde, em 11 de março de 2020, abstratamente a pandemia pode ser qualificada como um caso de força maior; portanto, abstratamente é um evento qualificável como um evento imprevisível, como um evento inevitável. Ou, se quisermos, de acordo com as tendências mais modernas, pelo menos como um evento inevitável e que, por isso, tendencialmente reúne os requisitos da força maior. Do mesmo modo, também não restam dúvidas que no dia 18 de março de 2020 foi declarado o estado de emergência no nosso país, e que na sequência dessa declaração foram aprovados vários diplomas legislativos para fazer face à pandemia, que implicam limitações em várias atividades económicas.

A verdade é que a aferição da relevância de uma circunstância de força maior depende da concreta ligação causal que se estabelece entre o impedimento, entre a vicissitude, e uma concreta perturbação registada na execução de um contrato; portanto, se o raciocínio abstratamente é correto, em concreto diz-nos muito pouco.

3. E passamos então para a empreitada. Qual é o primeiro ponto a assentar relativamente à empreitada? Relativamente à empreitada, o primeiro aspeto é que a legislação de crise (permitam-me que lhe chame assim), não proíbe a realização de empreitadas; ou seja, não proíbe a atividade de realização de empreitadas, isto é, a prestação-atividade, a obra do empreiteiro. Contudo, isto não quer dizer que não existam perturbações no cumprimento causadas pela pandemia que se verificam a outros níveis.

Penso em particular em quatro grupos casos:

i) Num primeiro grupo de casos, o empreiteiro não tem meios para cumprir, por exemplo, não dispõe por exemplo das matérias-primas que projetaram utilizar na obra.

ii) Num segundo grupo de casos, o empreiteiro dispõe, de facto, dos meios para realizar a obra, mas vê-se confrontado com custos superiores àqueles que inicialmente foram projetados.

iii) Num terceiro conjunto de casos, a obra deveria ser realizada num estabelecimento ao qual não é possível acesso durante a pandemia. Seja porque está fechado, seja porque a respetiva utilização está dedicada apenas a situações de controlo pandémico, como é o caso dos hospitais.

iv) Num quarto grupo de casos, podemos pensar em situações em que o resultado visado pela empreitada para o dono da obra já não pode ser atingido.

4. Como é intuitivo destes quatro grupos de casos, os dois primeiros respeitam "abstratamente" a circunstâncias da esfera do devedor, e os dois últimos "abstratamente" a circunstâncias da esfera do credor. Importa, porém, situá-los com rigor dentro dos quatro quadrantes em que se movem: a mora, na impossibilidade, a alteração das circunstâncias, e numa quarta figura que não me parece assimilável sem mais à alteração das circunstâncias, que é a onerosidade excessiva.

Ora bem, eu começo por deixar duas notas específicas dos contratos de empreitada que depois têm relevância na resolução destes quatro casos práticos.

A primeira nota é que o contrato de empreitada é um contrato prolongado, portanto, é um contrato de atividade prolongada. É ainda, em vários casos, um contrato que envolve cooperação. Estes dois vetores podem implicar que existam deveres acessórios emergentes da regra da boa-fé, artigo 762 do Código Civil, que se colocam com particular intensidade.

Uma segunda nota é que os contratos de empreitada, pela sua relevância prática e económica, exibem na generalidade dos casos uma regulação contratual extensa, e, portanto, é normal que os contratos de empreitada mais complexos tenham uma cláusula de força maior ou tenham uma cláusula de alteração de lei (*change in law*, segundo a qual o contrato é renegociado se se tornar mais difícil o seu cumprimento em virtude de alteração legal superveniente). Além disso, existem ainda várias cláusulas trazidas por modelos contratuais específicos, dos quais o mais conhecido é o modelo da FIDIC, que também densificam a prática contratual através de determinadas regulações. Naturalmente que perante isto há que reforçar uma linha, que me parece evidente à luz do nosso Código Civil: a da tendencial prevalência da solução contratual em relação à aplicação do regime legal, o qual, também tendencialmente, reveste natureza dispositiva. E, posto isto, e tendo estas duas notas em consideração, eu começaria por resolver muito brevemente estes quatro casos, com uma preocupação de explicar que a solução destes casos pode não ser tão óbvia como à primeira vista parece.

5. No primeiro caso, o empreiteiro não dispõe de meios, não dispõe das matérias-primas que iria utilizar, porque essas matérias-primas viriam de Itália, ou viriam da China e, portanto, não é possível expedi-las e/ou transportá-las, nem, por isso, aplicá-las na obra. A obra fica parada, regista-se um atraso, ou há uma frente de obra que fica paralisada. Bom, naturalmente que esta situação pode oscilar entre a mora do devedor, nos termos do artigo 804, nº 2 do Código Civil, e a impossibilidade temporária não imputável ao devedor, artigo 792, nº 1, do Código Civil. Será que é esta a solução? Bom, e qual das duas normas será efetivamente aplicável? Eu aqui queria deixar duas notas. A mais simples é de que para distinguir uma mora do devedor de uma impossibilidade temporária nós temos que apelar ao critério da imputação que em relação ao devedor, genericamente reconhecido no Direito português, de forma supletiva, é o critério da culpa. Portanto, nos termos conjugados dos artigos 792º, nº 2, e 487º, nº 2, do Código Civil, a culpa afere-se de acordo com a diligência de um bom pai de família, nas circunstâncias do caso concreto e, portanto, há que verificar se o devedor praticou ou não, com culpa, um ato omissivo, ou comissivo, do qual resulte o atraso. Só que não é tão simples assim, porque a aplicação da medida da diligência projeta-se numa determinada prestação, e, portanto, é fundamental, ou tão fundamental quanto a aferição da culpa, o saber qual é o objeto da prestação. E aqui nas empreitadas surge uma distinção entre obrigações de fazer de carácter genérico e obrigações de fazer de carácter específico. O Código Civil reconhece obrigações genéricas e obrigações específicas, sobretudo a propósito de obrigações de dar, mas não se exclui, nem na doutrina portuguesa nem na doutrina alemã, a possi-

bilidade do reconhecimento da categoria das obrigações genéricas de fazer. Ora, numa obrigação genérica de fazer está em aberto a prestação concreta a realizar pelo devedor. E, estando em aberto a prestação concreta a realizar pelo devedor, num contexto como este, em que a matéria-prima proveniente de um determinado país não consegue efetivamente chegar a Portugal, a circunstância da qualificação da obrigação como uma obrigação genérica de fazer importa um maior risco a cargo do devedor. Há, portanto, há aqui uma situação muito peculiar: se a obrigação genérica confere maior maleabilidade ao devedor para cumprir, embora sem perder de vista a finalidade de prestação, também obriga o devedor a diligenciar e organizar os seus dispêndios de uma forma mais ampla. Porquê? Não porque a medida da culpa seja diferente, mas porque o objeto potencial da prestação é diferente, em certa medida mais amplo. Isto quer dizer que eu só poderia resolver este primeiro caso prático depois de qualificar o objeto da prestação. Se é um contrato chave na mão, se não é um contrato chave na mão; se os vários segmentos da prestação de empreitadas representam obrigações genéricas de fazer, ou obrigações específicas de fazer.

6. O segundo caso é aquele em que o empreiteiro suporta custos que são superiores ao esperado. Ora bem, esta é a situação, também muito conhecida, da chamada "superação dos dispêndios", como tem sido designada na doutrina alemã. Haverá naturalmente que verificar se o contrato de empreitada é um contrato de preço fixo, ou não. Contudo, alerto que o Supremo Tribunal de Justiça Português já considerou que a fixação do preço é meramente tendencial, e, portanto, não exclui em absoluto a possibilidade de modificações do programa contratual, nem de modificações do preço da empreitada. E perante esta jurisprudência, que é relativamente recente, não tem mais de uma década no Supremo Tribunal de Justiça, pode perguntar-se se o

artigo 437º do Código Civil tem ou não aplicação neste contexto, ou seja, se, no Direito português, o artigo 437º dá resposta às situações de mera superação de dispêndios em relação àquilo que inicialmente se projeta. Quanto a este ponto, começo por dizer que o artigo depende na sua base de uma leitura do plano de risco do contrato, e, portanto, a circunstância da existência ou não de uma cláusula de preço fixo é irrefutável nessa perspetiva, e, portanto, eu consideraria muito difícil a aplicação do Código Civil na existência de uma cláusula de preço fixo. A mesma coisa se o contrato contiver uma cláusula de remédio único que afaste os mecanismos legais, designadamente o mecanismo do artigo 437º. Isto como soluções tendenciais; mas, logo no próprio artigo também se regista um outro problema da sua aplicação a este grupo típico de casos, é que o artigo 437º dá resposta a perturbações graves da paridade, a perturbações supervenientes, graves, da equação económica originária. Parafraseando Oliveira Ascensão, está em causa a justiça concreta da relação... portanto, não está em causa um mero desvio ao plano de dispêndios do devedor. Em regra, a mera onerosidade, ou o mero esforço adicional do devedor resultante da circunstância de ter falhado o seu plano de dispêndios e o seu plano de despesas, é uma circunstância que a si é imputável, e é-lhe imputável até ao limite da exigibilidade. Acima do limite da exigibilidade temos uma figura do incumprimento não culposo do contrato, mas que nem por isso deverá ser qualificada como uma alteração de circunstâncias.

7. O terceiro grupo de casos é aquele em que a obra não se realiza, porque há um impedimento de acesso ao estabelecimento onde a mesma iria decorrer. Ora bem, esta situação oscila entre dois quadrantes: entre o quadrante da mora do credor, prevista no artigo 813º e ss do Código Civil e, uma vez mais, o da impossibilidade temporária não imputável às partes, consagrada no artigo 792º do Código Civil. E aqui queria só chamar à atenção para o seguinte.

É que, ao contrário do que vimos suceder em relação ao critério aplicável ao devedor, e para a mora do devedor, tem-se afirmado, no Direito português, e no Direito Civil europeu continental, que a mora do credor, enquanto tal, prescinde de culpa. Quer dizer, é um dado dogmático, que podemos assentar, que a existência de mora do credor, enquanto tal, não se constrói nem se baseia no critério da culpa (embora se possam admitir diferenciações entre mora culposa e não culposa). Mas, retirando este critério, fica-nos em aberto saber qual é que é critério aplicável, e nisto é que não há consenso no Direito Civil europeu[69]. Abstratamente, e simplificando, temos três critérios, temos um critério subjetivo correspondente à vontade, portanto, é imputável ao credor aquilo que resulta da sua vontade. Um critério intermédio, que é um critério subjetivo axiológico: é imputável ao credor aquilo que se deve à sua vontade, mas em relação ao qual se consegue também fazer um juízo axiológico, que não sendo o da culpa, é análogo. E, uma terceira opção, um critério objetivo. Neste último plano, tem tido algum destaque a chamada "teoria das esferas de risco", que, no fundo, tenta dividir e antecipar esferas de risco de negócio entre o credor e devedor, e depois o que faz é imputar diretamente certos riscos ao credor, desde que previamente fixado que esse risco é um risco da sua esfera.

Como imaginam, é muito importante a aplicação e a escolha de um critério, porque, no final, estaremos a discutir a aplicação do artigo 816º do Código Civil, sobre as maiores despesas, e, portanto, a escolha do concreto critério de imputação ao credor pode ser a diferença entre o credor ter de suportar estes custos adicionais, ou de, não os tendo de suportar, eles serem imputados ao próprio devedor, pelo menos durante um determinado período de tempo.

[69] Cf. Catarina Monteiro Pires, *Impossibilidade da Prestação*, p. 651 ss.

Eu tenho defendido que o critério de imputação ao credor é um critério unitário, aplicável à mora e à impossibilidade. Este dado não é pacífico no Direito português, mas é esse o meu entendimento[70]. Não tenho tempo para me alongar, mas adianto que me parece que, de uma maneira geral, conseguimos enquadrar este terceiro caso como um caso imputável à esfera do credor.

8. Num quarto caso, temos uma situação em que o resultado que se visa atingir já não se consegue alcançar. Dito assim, estas situações podem ser situações de mera desistência da empreitada, caso em que aplicaríamos o artigo 1229º do Código Civil, ou verdadeiras situações de frustração do fim. Pensando nestes casos da frustração do fim, julgo que é importante aplicar aqui *dois testes*. O primeiro é saber qual é a ligação entre o resultado do credor e o fim contratual; portanto, é uma ligação entre um resultado e o conteúdo do contrato; e o segundo é a ligação entre um concreto impedimento e a frustração exata desse fim. Se chegarmos à conclusão de que o contrato é um contrato finalizado, e se chegarmos à conclusão que existe de facto uma circunstância que impede a consecução desse fim, a empreitada dispõe de um regime especial em relação ao regime geral Código Civil, que é o regime do artigo 1227º, e que deve ser ponderado (dependendo do entendimento que se perfilhar do artigo 795º, nº 2). Recordando, o artigo 1227º do Código Civil o que diz é que "se a execução da obra se tornar impossível por causa não imputável a qualquer das partes, é aplicável o disposto no artigo 790º," portanto, até aqui fala da prestação, mas depois diz: "tendo, porém, havido começo de execução, o dono da obra é obrigado a indemnizar o empreiteiro do trabalho executado e das despesas realizadas". Ou seja, num caso normal de impossibilidade definitiva não imputável às partes, o devedor não

[70] Veja-se Catarina Monteiro Pires, *Impossibilidade da Prestação*, p. 758 ss.

receberia este valor. Mas, na empreitada, há um caso de impossibilidade definitiva não imputável às partes, em que o devedor recebe um determinado valor. Não é o valor da contraprestação, mas é o valor do trabalho executado e das despesas realizadas.

O artigo 1227º tem sido explicado como o artigo que se justifica pela especial partilha de risco do programa obrigacional que existe na empreitada, por isso é que eu recordava o carácter de cooperação da empreitada. E, não tendo mais tempo, termino dizendo que este artigo 1227º é um artigo que convém não ficar esquecido neste contexto de crise, e que pode ser muito útil na resolução de casos, em relação a outros contratos onde se suscitem problemas análogos de risco e, portanto, onde também possamos detetar uma efetiva partilha de risco na execução do programa obrigacional entre o credor e o devedor.

V
Modificar e renegociar o contrato. Reduzir as prestações

1. O presente texto trata do contrato de empreitada perante as dificuldades do último ano e corresponde ao esquema da nossa intervenção num *videocast* do Centro de Investigação de Direito Privado da Faculdade de Direito da Universidade de Lisboa realizado em 9 de abril de 2020 e intitulado *Novo Coronavírus e gestão da crise contratual – estratégias jurídicas.*

2. Dentro dos mecanismos de gestão da crise contratual, vou tratar sobretudo de situações em que uma das partes pretende invocar uma redução de uma das prestações, ou uma modificação de uma das prestações. E, dentro deste contexto mais amplo, seleccionei a redução e a modificação das prestações *pecuniárias.* Este é um tema em que, naturalmente, é intuitiva a sua associação a um cenário de crise. Perante uma *crise do contrato,* uma ideia que surge imediatamente ao espírito é a da tentativa da redução do preço que se paga ou a tentativa de elevação do preço que se recebe e, portanto, a minha exposição tem em vista saber se o preço da empreitada se mantém ou não, se a renda do arrendamento se mantém ou não, se o preço da compra e venda se mantém ou não, e em que circunstâncias.

3. E porque é que seleccionei estas obrigações pecuniárias? Porque as obrigações pecuniárias são tratadas de forma especial no Direito Civil. Em primeiro lugar, porque em relação a estas não se aplicam todos os institutos que podem conduzir a um afastamento da pretensão de cumprimento, ou se quisermos, em termos mais amplos, uma cessação do dever de prestar. Em segundo lugar, porque certos institutos clássicos, como o instituto da alteração de circunstâncias, também não se aplicam *da mesma maneira* relativamente às obrigações pecuniárias.

4. O que vou tentar fazer é um esquema de análise destas situações, procurando individualizar os vários passos do caminho crítico que pode estar na origem de uma estratégia de redução do preço num contrato, ou de modificação do contrato, que seja afetado por esta crise causada pelo novo Coronavírus. Então que *passos críticos* são esses?

5. Começamos pelo contrato, e seguimos depois para a análise da lei. Uma primeira premissa que eu estabilizaria é a da *prevalência da solução contratual*. O contrato é uma auto-regulação privada de interesses, uma expressão de autonomia privada das partes. Em regra, o Direito Civil não fixa ordenações de preferências na utilização de bens e, portanto, havendo uma regulação no contrato, tendencialmente essa regulação poderá prevalecer. Muito bem, se aceitarmos esta premissa, que regulação contratual é que pode ser importante para este tema?

Aqui, distinguiria entre regulação contratual *evidente*, ou exposta, e a regulação contratual *não evidente* ou escondida. Entre a regulação contratual evidente, naturalmente que pensamos em cláusulas como cláusulas de modificação do preço, cláusulas de modificação adversa de circunstâncias, cláusulas de *hardship*, até algumas cláusulas de força maior podem prever situações deste género, cláusulas variadas, mas em que conseguimos estabelecer uma relação direta entre o preço e determinados contextos ou circunstâncias. Sempre que existam cláusulas destas, temos os casos fáceis (ou mais fáceis): são casos de interpretação dessas mesmas cláusulas, no contexto do negócio como um todo. A perceção de que essas cláusulas são potencialmente aplicáveis é comum a juristas e não juristas.

Temos, depois, cláusulas que também são evidentes, mas de forma indireta. Quais? Desde logo, as cláusulas de preço fixo ou as cláusulas que determinam que o preço assenta no chamado mecanismo de *locked box*, ou mecanismo de caixa fechada. O que é que isto quer dizer? Bom, se as partes convencionaram uma cláusula de preço fixo, a relevância dessa cláusula vai depender do tipo de contrato. Um exemplo muito rápido, numa empreitada de um contrato chave-na-mão com uma cláusula de preço fixo, em regra, sem prejuízo da análise do contrato, o que essa cláusula quer dizer é que há uma assunção dos riscos de variação dos custos, dos custos da matéria-prima, dos custos da mão-de-obra pelo próprio empreiteiro e, portanto, uma exclusão desse risco a cargo do dono da obra. Mas, por exemplo, se se tratar de um contrato com execução diferida como uma compra e venda de ações que implica compra e venda da empresa, nesses casos, em certas circunstâncias, a estipulação de uma cláusula de preço fixo ou de um mecanismo de determinação de preço em caixa fechada, pode significar tão só e apenas que o comprador teve em mente incorrer em riscos que resultam da circunstância de o vendedor manter a gestão da sociedade durante um período que decorre entre a assinatura do contrato e o fecho do negócio. Como destes exemplos se percebe, temos duas cláusulas de preço fixo, mas a sua funcionalidade é muito distinta e, portanto, o seu impacto também será muito distinto quanto ao apuramento das condições de uma possível modificação do preço.

Dizia eu que as cláusulas podem também estar *escondidas*. E que cláusulas são estas que são menos evidentes e que podem ter aqui alguma relevância? Começo por salientar as chamadas cláusulas de remédio único, que é uma tradução directa da expressão inglesa cláusulas de *sole remedy*. Estas cláusulas normalmente o que dizem é que as partes convencionam determinado mecanismo para fazer face a perturbações no contrato, com exclusão dos demais. Quer dizer, as partes estabelecem no figurino contratual as reações que pretendem que sejam aplicáveis a certos cenários e excluem as outras reações ou os outros mecanismos previstos no Código Civil. Naturalmente que há aqui uma questão prévia de validade destas cláusulas à luz do Código Civil e também na sua análise ao abrigo do artigo 809º do Código Civil. Não tenho tempo para analisar estes argumentos, mas tenho sustentado uma posição de princípio de *tendencial validade das cláusulas de remédio único* e, portanto, se nós tivermos uma cláusula de remédio único no contrato, apesar de não estar lá escrito nada sobre modificação do preço ou alteração de circunstâncias, será que as partes quiseram reforçar riscos ou isolar riscos e excluir vários mecanismos que se encontram na lei civil, desde mecanismos associados a alteração de circunstâncias ou até outras normas especiais?É uma hipótese e não deve deixar de ser explorada.

Outras cláusulas que têm também relevância *indireta* nesta matéria são as cláusulas que estão dispostas ao longo do contrato e que implicam uma *temporalização* ou uma *finalização* das prestações.

6. E reparem que aqui o meu raciocínio é indireto, ou seja, uma cláusula que temporaliza ou que finalize a prestação não tem impacto direto na prestação pecuniária em si, mas terá o impacto na prestação de dar ou de fazer e, por ter um impacto na prestação de dar e de fazer, terá um reflexo, tratando-se de um contrato com prestações recíprocas, na prestação pecuniária. E porquê? O que é isto da temporalização ou da finalização?

Temporalização é muito fácil de compreender com um exemplo. Imaginem que no contrato da empreitada existe um determinado momento para conclusão de parte da obra e a conclusão dessa parte da obra naquele momento é *conditio sine qua non* da atribuição de uma licença pela entidade administrativa, sob pena de preclusão.

Ora bem, estamos perante uma prestação de prazo absolutamente fixo: o credor não tem interesse no cumprimento no dia seguinte, só tem interesse no cumprimento até àquele momento e, havendo temporalização no contrato, o que significa é que há uma imediata impossibilidade da prestação e isto vai ter consequências no ponto de vista do pagamento do preço.

7. Um exemplo de *finalização da prestação*. A finalização depende naturalmente da interpretação do contrato, não só da cláusula do objeto, mas de várias outras cláusulas. Imaginem que um contrato de arrendamento tem uma componente atípica e, portanto, não se trata apenas do gozo do bem, mas do gozo do bem tendo em vista determinadas finalidades como, por exemplo, a venda de determinados bens no mercado ou atingir determinados volumes de vendas. Ora bem, há aqui uma *finalização* e, portanto, se não for possível este gozo concreto do bem "assim finalizado", pode haver um impacto também no pagamento da renda.

8. Temos até aqui que, começando pelo contrato, e analisando estes vários aspetos do contrato, podemos logo conseguir aqui estabelecer um figurino e uma estratégia. Mas vamos admitir que não temos regulação especial no contrato ou que, tendo regulação especial no contrato, as partes não afastaram o regime geral do Código Civil. Neste caso há, fundamentalmente, *três institutos* que podem permitir uma redução da prestação pecuniária:

a) a alteração das circunstâncias;
b) a renegociação do preço e;
c) a impossibilidade parcial da prestação.

9. Começando pela primeira, *alteração das circunstâncias*. Eu não vou analisar os requisitos da alteração de circunstâncias, queria só salientar umas notas muito rápidas. A *primeira nota* é que, em princípio, a impossibilidade de prestar prevalece sobre a alteração das circunstâncias e, portanto, há que ver bem se a prestação é finalizada ou se não é, se a hipótese configura um caso de impossibilidade e não um caso de alteração de circunstâncias. *Segunda nota*: a alteração de circunstâncias serve paradigmaticamente para fazer face a desproporções entre prestação e contraprestação ou a perturbações da base do negócio. E eu acrescento, da base de negócio objetiva.

Ora bem, se assim é, daqui resulta que a alteração de circunstâncias não serve por si só para fazer face a *meros aumentos* de custos, nem a *meras perdas* de receitas. Há mais custos, é mais difícil prestar porque existe uma pandemia, mas o sítio certo enquadrar o problema pode não ser o artigo 437º do Código Civil. Da mesma maneira, se a expectativa de receita é menor, em virtude da pandemia, por si só esta diminuição esperada da receita poderá não ser uma circunstância atendível no âmbito do artigo 437º. O "problema" (se vier a sê-lo) terá de ser resolvido através de outros institutos.

Se a alteração das circunstâncias for aplicável, podemos ter uma modificação do contrato, e aqui coloco algumas questões de ordem prática.

Primeira: como é que opera a modificação do contrato? A resolução do contrato por alteração de circunstâncias parece-me que deve operar extrajudicialmente. Não é doutrina pacífica, há quem tenha entendimento contrário, mas eu não vejo razões para afastar a regra geral do Direito português da resolução extrajudicial. A resolução, sendo feita extrajudicialmente, pode ser ilícita, o que é potenciado por não ter havido um terceiro a escrutinar a bondade dos argumentos. Bom, é verdade, mas todas as resoluções podem ser ilícitas, e depois aplicam-se os mecanismos existentes.

Se a resolução pode ser extrajudicial, a modificação não tem de ser judicial. Seria estranho ter aqui uma solução diferente para uma e outra, parece-me que a modificação pode ser feita extrajudicialmente. Bom, mas se assim é como é que eu consigo compatibilizar esta minha ideia com a circunstância de o artigo 437º aludir a juízos de equidade? Parece que os juízos de equidade convocam aqui a intervenção de um terceiro. Parece-me que o que o artigo 437, nº1 impõe é que a modificação quando realizada por um tribunal, seja ele judicial ou arbitral, deve ser feita de acordo com os juízos de equidade, mas não afasta a possibilidade dessa mesma modificação ser conseguida por outra via, extrajudicial, e com recurso a outros critérios, a critérios fixados pela autonomia privada das partes.

Segundo ponto: imaginemos que a modificação é feita extrajudicialmente, a outra parte não acata e, no final, temos um litígio. Qual o momento relevante para efeitos da determinação da alteração das circunstâncias e do pedido de modificação do preço ou dos pagamentos? Ora bem, parece-me que os efeitos devem aferir-se à data do pedido de modificação extrajudicial e, portanto, ela também é bastante importante por isto. Não é o momento do pedido judicial ou do pedido arbitral, não é o momento da sentença, é o momento do pedido extrajudicial.

Terceiro ponto. Riscos da reação da contraparte. A contraparte recebe um pedido de modificação extrajudicial e pode dizer que a modificação é ilícita. Bom, se disser que a modificação é ilícita poderemos ter aqui uma situação de impasse e, naturalmente, se existir ilicitude da modificação e a parte persistir nesse comportamento, pode dar azo ou a um incumprimento do contrato ou a uma declaração antecipada de não cumprimento, daqui podem ser extraídas consequências, e o próprio contrato pode ser afectado por uma crise ainda mais grave. Mas também pode acontecer (e estes casos são interessantes), que a modificação não seja ela própria ilícita, ou seja, o artigo 437º permite uma modificação, mas a contraparte diga "Bom, eu contratei um contrato com uma determinada equação económica e com um determinado pressuposto. Se o preço a pagar agora é outro, então eu quero sair deste contrato". Este raciocínio é lícito? Ora bem, no passado, alguns juristas portugueses já admitiram que sim, em nome da autonomia privada: ninguém poderia ser obrigado a persistir num contrato que não quer e, portanto, poderia haver sempre uma oposição no mecanismo da resolução quando existisse aqui uma modificação.

Eu confesso que aqui tenho várias dúvidas, porque me parece que o ponto central é saber se a modificação é, ou não, exigível. Se a modificação for exigível, ela é exigível por força da regra da boa-fé e, portanto, não me parece que esta parte possa ser afastada apenas com base neste raciocínio. Mais: também por causa da autonomia privada e valorizando este argumento. Porquê? Porque, quando é analisado o pressuposto da modificação do contrato, é analisada não só a posição da parte afectada, mas também a posição da contraparte e, portanto, a modificação é exigível ou não é exigível tendo em conta estes dois vectores, estes dois núcleos de interesses. Se for exigível então ela poderá ser determinada e deverá ser cumprida.

Avançando.

10. Segundo mecanismo: renegociação. A renegociação é um mecanismo "à margem" do artigo 437º para permitir uma redução do preço? Ora bem, como dissemos em momento anterior deste estudo e agora retomamos, a renegociação tem sido falada em Portugal em dois contextos: no contexto do artigo 437º, como uma espécie de "antecâmara" a um início de um processo de alteração de circunstâncias, e fora do artigo 437º. *Primeira pergunta:* quando ela ocorre no âmbito do artigo 437º, quais os mecanismos aplicáveis, se a outra parte não renegociar ou se a negociação se frustrar por causa imputável a uma

parte? Ora bem, aqui os mecanismos são os do próprio artigo 437º. A parte pode recorrer ao tribunal e, portanto, pedir uma modificação do contrato. Poderá haver aqui danos e responsabilidade civil por *culpa in contrahendo,* esta pode não está excluída, mas na generalidade dos casos será muito difícil alegar e provar a existência aqui a existência de danos, a não ser que haja investimentos feitos por causa de negociações chicaneiras ou com propósitos fraudulentos. Caso mais difícil: o caso da renegociação não ocorrer ao abrigo do artigo 437º, mas ao abrigo do artigo 762º, nº 2 do Código Civil, portanto ao abrigo da regra da boa-fé. A boa-fé pode impor, paralelamente ao artigo 437º em determinados tipos de contratos, designadamente em contratos prolongados, uma renegociação das prestações pecuniárias. E, neste caso, pergunta-se: o incumprimento desse dever de renegociação – que é um dever-processo, não é um dever-resultado – , pode ou não implicar responsabilidade civil? Pode implicar responsabilidade civil em princípio enquadrável na responsabilidade por *culpa in contrahendo* e em princípio também, podendo dar azo a uma indemnização pelo interesse contratual negativo. Naturalmente que o tempo não me permite aqui a exposição de todas as posições e noto que estas posições que tenho defendido nestes últimos minutos são as minhas e, portanto, há certamente visões contrárias a esta, pelo menos não posso excluir que existam.

11. Finalmente, e antes de terminar, terceiro mecanismo: a *impossibilidade.* Uma forma de reduzir o preço é a *impossibilidade definitiva* parcial. Estamos a assistir a situações de impossibilidade definitiva parcial neste momento? Estamos. Estamos em alguns casos, quando temos certas situações de prestações temporalizadas e de certas prestações finalizadas. E, neste caso, qual é a regra? A do artigo 793º do Código Civil: quando está em causa uma impossibilidade parcial não imputável às partes, determinada pelo cenário da pandemia, o devedor

exonera-se mediante a prestação do que for possível, devendo neste caso ser proporcionalmente reduzida a contraprestação. Existem depois regras especiais, nomeadamente no âmbito do arrendamento, o artigo 1040º do Código Civil, mas mantendo-nos nesta regra geral, a pergunta que podemos fazer é como é que opera a redução da contraprestação?

Reparem que a lei diz uma redução proporcional, mas não diz como e, portanto, um prático do Direito pode perguntar como é que determina exatamente essa redução, quando o contrato é um contrato prolongado, é um contrato complexo e, portanto, é muito difícil fazer esta redução proporcional. Haverá algum elemento de apoio no sistema?

Ora bem, temos um elemento de apoio no sistema que é o artigo 884º do Código Civil, que é uma norma que se encontra prevista para a compra e venda, mas que pode ser certamente aplicada a outros contratos onerosos, designadamente contratos onerosos de carácter translativo ou não translativo. E o artigo 884º do Código Civil o que nos diz é que se a venda ficar limitada a parte do seu objeto, o preço respeitante à parte válida do contrato é o que neste figurar se houver sido discriminado como parcela do preço global.

Se não for discriminado como parcela do preço global, como tantas vezes acontece, então a consequência está no número 2, na falta de discriminação a redução é feita por meio de avaliação.

12. Gostaria apenas de terminar dizendo que os mecanismos de gestão da crise contratual causada pela pandemia são diversos. É importante que não sejam inflacionados certos institutos, é importante que a ciência jurídica e os utilizadores do Direito tenham consciência que existem dezenas de mecanismos previstos na parte geral e na parte especial do Código Civil e o exercício devido neste momento é, enquanto não temos uma lei que altere estas perturbações do cum-

primento no seu todo (e talvez até seja bom que não a tenhamos), é saber manusear adequadamente esses institutos com a certeza que o nosso Código Civil não deixa de fora nenhuma situação, nem permite que desequilíbrios sejam perpetuados ou agravados, além daquilo que já sofremos nos últimos dias.

VI
Resolução do contrato por incumprimento

1. Na execução dos contratos surgem, não raras vezes, desvios ou perturbações no cumprimento do programa obrigacional. Umas imputáveis ao devedor, a título de culpa, outras pura e simplesmente alheias a este tipo de valoração.

Em alguns casos, esse incumprimento emerge de forma evidente e direta de uma conduta do devedor, podendo mesmo corresponder a uma recusa reiterada e inequívoca de cumprimento declarada após o vencimento da prestação. Em outros casos, o desvio e a falta do devedor surgem integrados num processo mais complexo, onde também afloram indícios de mora do credor ou de perturbações não imputáveis às partes.

Nos contratos pluriprestacionais e prolongados, o concurso de "causas de inexecução", isto é, de fatores que podem conduzir à inexecução ou ao bloqueio no cumprimento do contrato, é frequente. Regista ainda a experiência prática nem sempre ser possível vislumbrar nexos causais entre tais causas, nem uma justificação unitária, de modo a poder absorvê-las numa só e a fazer corresponder um só regime. Há, com efeito, situações de concurso de causas de perturbação que não se resolvem por consumpção, nem por absorção.

Ora, neste estudo, dedicamos a nossa atenção à resolução do contrato sinalagmático por incumprimento do devedor, mas sem esquecer que, na base da mesma, está muitas vezes esta tal "tessitura complexa" da teia obrigacional que envolve as partes em contratos de maior complexidade ou com certa duração.

2. No último ano, a epidemia global causada pelo vírus SARS--COV2 e a contingência aguda de saúde pública por ele causada, também com contornos mundiais, e de natureza algo incerta, demarcaram-se como fonte adicional de disrupções na execução de contratos, um pouco por todo o lado. Neste contexto, o incumprimento do contrato pelo devedor surge, amiúde, integrado num complexo de fatores, para os quais pode ter concorrido, por exemplo, uma situação de força maior sem adoção de medidas requeridas ou uma suspensão temporária do contrato sem que o devedor, terminada a suspensão, conseguisse levar a cabo as diligências que permitiriam o cumprimento do programa obrigacional. Pensemos ainda na hipótese de o devedor já estar em mora "agravada" aquando da verificação de uma situação de alteração de circunstâncias. Neste contexto, o presente estudo retoma, em estilo simples, algumas reflexões anteriores[71], repensando-as.

3. A resolução é apenas *um* dos modos de reação do credor perante o inadimplemento definitivo da prestação debitória imputável ao devedor[72]. Quando se registam determinadas falhas no plano pri-

[71] Catarina Monteiro Pires, *Resolução do contrato por inadimplemento no direito português, brasileiro e alemão*, Revista de Direito Civil Contemporâneo, 2015, *Resolução do contrato por incumprimento e impossibilidade de restituição em espécie*, O Direito, 2012, *A prestação restitutória em valor na resolução do contrato por incumprimento*, Estudos em Homenagem a Miguel Galvão Teles, 2012. O tema é também incluído no Manual *Contratos I. Perturbações na Execução*, Almedina, Coimbra, 2019, p. 84 ss.

[72] Luís Menezes Leitão, *Direito das Obrigações*, II, 12ª ed., Almedina, Coimbra, p. 265 ss, António Menezes Cordeiro, *Tratado de Direito Civil, Direito das Obrigações. Cumprimento e não-cumprimento. Transmissão. Modificação e extinção*, IX,

mário, emerge esta pretensão secundária, associada, de um modo geral, a uma perda de sentido da subsistência da relação obrigacional e que pressupõe uma opção, pelo credor, de desvinculação das prestações primárias[73]. Nada impede, porém, que o credor prefira manter o contrato.

A extinção do contrato através do mecanismo resolutório é, portanto, uma via possível e a estratégia contratual pode até desaconselhar a que a mesma seja seguida: basta pensar em contratos de aquisição de empresas, em que a resolução do contrato pode revestir complexidade agravada, do ponto de vista restitutório, ou nos contratos de empreitada complexas (por exemplo, modelo "chave-na-mão") em que o dono da obra pode apenas pretender que o empreiteiro em mora termine a obra, ressarcindo-o de atrasos, e não resolver o contrato e contratar um terceiro para terminar uma obra que já foi parcialmente executada, com todos os incómodos (e eventuais desvantagens) que esta substituição implicaria.

4. A resolução , nos contratos sinalagmáticos, liga-se à própria bilateralidade em que se exprime o sinalagma[74], à relação final de troca

3ª ed., Almedina, Coimbra, 2017, p. 915 ss, Pedro Romano Martinez, *Da cessação do contrato*, 3ª ed., Almedina, Coimbra, p. 67 ss, J. C. Brandão Proença, *Lições de cumprimento e não cumprimento das obrigações*, 2ª ed., UCP, p. 358 ss, Ana Perestrelo de Oliveira e Madalena Perestrelo de Oliveira, *Incumprimento resolutório: uma introdução*, Almedina, 2019, p. 41 ss.

[73] Cf. J. C. Brandão Proença, *Lições de cumprimento e não cumprimento das obrigações*, p. 358 ss.

[74] Alerta, porém, Brandão Proença que "a pressuposição genérica de uma bilateralidade obrigacional (...) não pode querer significar uma estreita conexão entre os dois termos" (*A resolução do contrato no Direito Civil. Do enquadramento e do regime*, Coimbra Editora, 1996, p. 69). No direito brasileiro, considerando que "a resolução supõe a interdependência de prestações", Araken de Assis, *Resolução do contrato por inadimplemento*, Revista dos Tribunais, São Paulo, 2013 (5ª ed.), p. 32. No direito alemão, Claus-Wilhelm Canaris, *Teleologie und Systematik*

entre prestações, à reciprocidade de razão de ser das obrigações ou das *vinculações* de cada uma das partes[75]. É uma figura conhecida de variados ordenamentos jurídicos, e também objeto de atenção em outro tipo de instrumentos, como os Princípios Unidroit (7.3.1. a 7.3.7.) ou a Convenção das Nações Unidas sobre Contratos para Venda Internacional de Mercadorias, adotada em Viena, em 11 de abril de 1980 e que entrará em vigor para a República Portuguesa no dia 1 de outubro de 2021 (cf. artigo 64º)[76].

5. Em Portugal, podemos aceitar uma conceção ampla e funcional de resolução contratual, segundo a qual a resolução por incumprimento é *um meio extrajurisdicional de reação do credor a uma perturbação grave do cumprimento do programa obrigacional imputável ao devedor (culposa ou não culposa), que pretende liberar as partes das respetivas vinculações e, em certos casos, visa ainda a restituição de prestações realizadas.*

6. O efeito liberatório é necessário, intrínseco à própria resolução e é dele que resulta a extinção das vinculações futuras das partes. Esse efeito liberatório é necessário, mas pode não ser total. Por um lado, o princípio da boa-fé pode reclamar a permanência de deveres laterais destinados a tutelar bens da esfera jurídica da contraparte, mesmo após a resolução (artigo 762º, nº 2 do Código Civil português) e, por outro lado, como tem vindo a sublinhar a doutrina alemã[77],

der Rücktrittsrechte nach dem BGB, Die richtige Ordnung. FS für Jan Kropholler zum 70. Geburtstag, org. Dietmar Baetge et al, Mohr Siebeck, Tubinga, 2008, (p. 3 ss), p. 5.

[75] Cf. Joachim Gernhuber, *Das Schuldverhältnis. Begründung und Änderung. Pflichten und Strukturen. Drittwirkungen*, Mohr Siebeck, Tubinga, 1989, p. 312 ss, Wolfgang van den Daele, *Probleme des gegenseitigen Vertrages. Untersuchungen zur Äquivalenz gegenseitiger Leistungspflichten*, De Gruyter & Co, Hamburgo, 1968, p. 15 ss.

[76] *Vide* o Decreto nº 5/2020, de 7 de agosto e o Aviso nº 48/2020, de 10 de outubro.

[77] Já nesse sentido, Hans Leser, *Der Rücktritt vom Vertrag. Abwicklungsverhältniss und Gestaltungsbefugnisse bei Leistungsstörungen*, J.C.B. Mohr, Tubinga, 1975, p. 159 ss.

com a resolução sucede uma transformação do contrato numa relação de liquidação.

7. A resolução pode ainda visar efeitos recuperatórios. Nem todos os casos de destruição do vínculo contratual implicam uma recuperação, seja porque a prestação não chegou a ser realizada, seja porque a mesma não é recuperável (ainda que neste caso, na generalidade das hipóteses, intervenha um sucedâneo recuperatório, designadamente através da restituição em valor).

8. Retomando o que já escrevemos noutra sede[78], deve ainda aceitar-se que a *fisionomia* do "remédio resolutivo" é, em primeira linha, determinada pelo acordo vertido no contrato. Nada impede que as partes regulem convencionalmente os requisitos da resolução, nem que aponham ao contrato cláusulas resolutivas. Aliás, a natureza da própria resolução é determinada pelo tipo e finalidade do contrato, mesmo que não exista regulação contratual dos pressupostos e consequências. Além deste aspeto, que apela ao primado do contrato e da liberdade contratual, é ainda de salientar o caráter dispositivo, e não injuntivo, da generalidade das normas que regem os efeitos da resolução. Finalmente, não ficam ainda excluídas as chamadas cláusulas de *sole remedy*, no âmbito das quais, não havendo razões para restrições heterónomas da liberdade contratual, as partes podem excluir a resolução[79].

9. Ainda a título preliminar, a encerrar a caraterização da figura no direito português, deve enfatizar-se ser de rejeitar uma pré-compre-

[78] Retomamos a p. 85 do Manual *Contratos I. Perturbações na Execução.*

[79] Sobre estas cláusulas, pode ver-se o que escrevemos em *Cláusulas de acordo integral e cláusulas de solução única ou de "remédio único"*, em *II Encontros de Direito Civil. A Tutela dos* Credores, UCP, 2020, p. 67 ss

ensão da resolução contratual como mecanismo de caráter sancionatório. Com efeito, uma tal pré-compreensão contrariaria a evolução dogmática e legislativa da figura[80] e contrariaria ainda o sentido global da resolução no Código Civil português. Este aspeto percebe-se com clareza ao examinarmos as causas de resolução, o que faremos de seguida.

10. Dispõe o artigo 808º, nº 1, do Código Civil o seguinte: "se o credor, em consequência da mora, perder o interesse que tinha na prestação, ou esta não for realizada dentro do prazo que razoavelmente for fixado pelo credor, considera-se para todos os efeitos não cumprida a obrigação", acrescentando, ainda, o nº 2 deste mesmo preceito que "a perda do interesse na prestação é apreciada objetivamente".

Em caso de litígio, o contraente fiel que pretenda resolver o contrato tem o ónus de alegar e provar o fundamento resolutivo (artigos 801º, nº 2 e 802º, nº 1 do Código Civil português). A questão essencial é, pois, a de saber quais os fundamentos que justificam a resolução do contrato. Ora, observando o conjunto de situações, subjacente ao artigo 808º do Código Civil, acima transcrito, está uma distinção entre situações de perda do interesse do credor e situações de falta de cumprimento da prestação, decorrido o prazo suplementar (e razoável) fixado pelo credor. Nos casos de perda do interesse do credor, desaparece a finalidade visada ou o desiderato projetado pelo programa obrigacional. Já em outras hipóteses, mantendo-se o interesse do credor na prestação, surge muitas vezes uma tensão ou um conflito entre o interesse do devedor no cumprimento da prestação e o interesse do credor na liquidação do contrato. No sistema portu-

80 Na doutrina portuguesa, *vide* por exemplo, J. Baptista Machado, *Pressupostos da resolução por incumprimento*, em *Obra Dispersa*, I, Scientia Juridica, Braga, 1991, (p. 125 ss), p. 129, J. Brandão Proença, *Resolução do contrato*, p. 122 ss e, em particular p. 129 e, mais recentemente, *Lições de cumprimento*, p. 358 ss.

guês, influenciado pelo sistema alemão, reconhece-se uma preferência (supletiva) por soluções normativas que, em princípio, reconheçam a *promessa realizada*, enquanto tal, e privilegiem o seu cumprimento *in natura*[81]. Daí que, no caso de inadimplemento da prestação debitória, a regra seja a da fixação de um prazo adicional para o devedor cumprir. Esgotado este prazo sem resultado, o credor pode optar pela desvinculação resolutória, sem prazo adicional. Contudo, se o credor perder o interesse na prestação, a legitimação resolutória opera imediatamente. Quer dizer: ambas são causas de legitimação da resolução (fixação de prazo e perda de interesse) colocam-se em termos alternativos, não cumulativos. Havendo perda de interesse não é necessária a fixação de um prazo, havendo fixação de um prazo não é necessário demonstrar a perda de interesse. *Vejamos cada um destes motivos.*

11. Quanto à apreciação do interesse creditório, deve privilegiar-se uma ponderação objetiva e "o que essa objectividade quer significar é (...) que a importância do interesse afectado pelo incumprimento, aferida embora em função do sujeito, há-de ser apreciada *objectivamente*, com base em elementos susceptíveis de serem valorados por qualquer pessoa (designadamente pelo próprio devedor e pelo juiz) e não segundo o juízo arbitrário do próprio credor"[82]. A relevância do interesse do credor é, aliás, comum a outros Direitos lusófonos[83].

[81] *Vide*, por todos, as reflexões de MARC-PHILIPPE WELLER, *Die Vertragstreue*, Mohr Siebeck, Tubinga, 2009, p. 220 ss.

[82] JOÃO BAPTISTA MACHADO, *Pressupostos da resolução por incumprimento*, em *Obra Dispersa*, I, Scientia Juridica, Braga, 1991, (p. 125 ss), p. 137. A proposta de VAZ SERRA era a seguinte: "a resolução dos contratos bilaterais ou a recusa da prestação ainda possível e a exigência da indemnização por não-cumprimento, não podem basear-se em falta que, segundo a boa fé, seja de pequena importância no cumprimento por uma das partes, com respeito ao interesse da outra" – VAZ SERRA, *Impossibilidade superveniente e cumprimento imperfeito imputáveis ao devedor*, BMJ, 47, 1955, p. 97.

[83] Na definição de JUDITH MARTINS-COSTA, inadimplemento em sentido amplo corresponde à "situação objetiva de não realização da prestação devida e

E tem o devedor de ter conhecimento dessa circunstância? – pode perguntar-se. Ora, quanto ao conhecimento do devedor, perante o Código Civil[84], as posições defendidas pela doutrina não convergem num único sentido. Para ANTUNES VARELA, o caráter objetivo parece resultar da circunstância de "ser notório" um determinado uso ou emprego da prestação[85]. Em suma, a aferição da gravidade do incumprimento diz respeito ao interesse do credor, o qual pode nem sequer ter sido revelado ao devedor. Trata-se ainda do interesse *daquele* concreto credor *naquele* concreto negócio, ainda que objetivamente apreciado. No contexto da pandemia, nem todas as situações

de insatisfação do interesse do credor, independentemente da causa da qual a falta procede". Ensina ainda a Autora que "em sentido estrito, o inadimplemento é a não realização da prestação devida, *enquanto devida*" JUDITH MARTINS-COSTA, *Comentários ao Novo Código Civil, Do inadimplemento das Obrigações*, vol. V, tomo II, Editora Forense, Rio de Janeiro, 2004, p. 82 e p. 129, respetivamente. Segundo SÍLVIO SALVO VENOSA, a distinção entre mera mora e inadimplemento residiria no critério da "utilidade para o credor" SÍLVIO DE SALVO, *Direito Civil. Teoria Geral das Obrigações e Teoria Geral dos Contratos*, vol. 2, Atlas, São Paulo, 2005 (5ª ed.), p. 338. De igual modo, JORGE CESA FERREIRA DA SILVA salienta que o inadimplemento absoluto ocorre com a "irrealizabilidade objetiva dos interesses do credor" JORGE CESA FERREIRA DA SILVA, *Inadimplemento das Obrigações*, Editora Revista dos Tribunais, São Paulo, 2007, p. 41. *Vide* ainda ANDERSON SCHREIBER, *Manual de Direito Civil Contemporâneo*, pp. 348-349.

[84] O articulado de VAZ SERRA – que não prevaleceu – clarificava, de certo modo, este aspeto (pelo menos quanto à componente temporal do dito interesse), ao dispor que "a falta de interesse do credor na prestação tardia confere-lhe o direito de que trata este artigo [recusa da prestação], mesmo que o devedor, ao obrigar-se, não tivesse tido conhecimento da necessidade do credor em que a prestação se fizesse em tempo". Artigo 18º, nº 4, da proposta de articulado de VAZ SERRA, *Mora do devedor*, BMJ, 48, 1955, (p. 5 ss), p. 306.

[85] JOÃO ANTUNES VARELA, *Das Obrigações em geral*, vol. II, Almedina, Coimbra, 2001 (7ª ed., reimp.), pp. 124-125. O exemplo do Autor é o da falta de entrega da fruta que a dona de casa encomendou à hora fixada pela compradora. Se fosse notório que a fruta se destinava a um banquete, poderia haver incumprimento definitivo, mas não já no caso de a dita dona de casa pretender apenas provar a fruta na antevéspera do dia do banquete.

corresponderão a casos de impossibilidade temporária ou de alteração de circunstâncias, nem tão pouco de impossibilidades definitivas. Em certas circunstâncias, o agravamento das condições inicialmente projetadas pelo devedor, mas não devidamente acauteladas, poderá causar desvios relevantes ao cumprimento do programa obrigacional, os quais, frustrando o interesse de execução do contrato, podem legitimar uma resolução contratual, na falta de disposição contratual em contrário[86]. Na nossa opinião, sem prejuízo do que adiante se dirá quanto à fixação de prazo[87], o interesse do credor é o centro de gravidade da resolução por incumprimento[88].

12. Além da perda do interesse do credor, a interpelação admonitória (cf. artigo 808º, nº 1) é, também, uma outra via de fundamentação material da resolução, ainda que, na nossa opinião, o credor não perca o direito a exigir o cumprimento, sendo este possível, decorrido este prazo[89]. Só assim não será se essa interpelação compreender uma renúncia, expressa ou tácita, ao direito de exigir o cumprimento natural e se a mesma puder ser considerada válida, circunstâncias que oferecem dúvidas. Aliás, a interpelação em apreço não tem, sequer de mencionar as possíveis consequências do não cumprimento na data aprazada.

86 Veja-se, no contexto da pandemia, a anotação de Ana Perestrelo de Oliveira e Madalena Perestrelo de Oliveira ao artigo 432º do Código Civil em *Novo Coronavírus e Crise Contratual*, anotação ao Código Civil, coord. Catarina Monteiro Pires, AAFDL, 2020, o qual se encontra disponível em: https://aafdl.cld.bz/Novo-Corona-virus-e-Crise-Contratual.

87 O próprio prazo deve permitir a acomodar o interesse do credor.

88 Considerando que o instituto da resolução é "acima de tudo, expressão do princípio da boa fé", Ana Perestrelo de Oliveira e Madalena Perestrelo de Oliveira, *Incumprimento resolutório*, p. 43.

89 A generalidade dos contratos prevê prazos de cumprimento para as prestações primárias, mas se assim não for há que ter em consideração o disposto no artigo 777º para que se produza o vencimento da prestação.

Na falta de convenção das partes, o prazo em apreço deve ser *objetivamente razoável*, sendo esta razoabilidade aferida em função da possibilidade abstrata de prestação nesse espaço de tempo, tendo em conta a natureza do contrato e da prestação.

Deve o credor estar obrigado a conceder ao devedor um prazo que lhe permita cumprir, se o devedor em mora (cf. artigo 805º) desde o início não desenvolveu quaisquer diligências preparatórias do cumprimento? Deve entender-se que não, sob pena de o próprio devedor poder manipular os prazos de cumprimento, ficando beneficiado pelas suas faltas. A consequência que daqui resulta é importante: o prazo razoável a conceder pelo credor não tem de ser igual, e em regra não é, ao prazo de cumprimento previsto no contrato.

Deve este prazo permitir ao devedor "recuperar a prestação" e "salvar o contrato" sem maiores esforços? A resposta é negativa. Desde logo, porque o devedor não tem um "direito subjetivo" a uma "segunda oportunidade" para cumprir, a que corresponda um dever do credor, abstraindo do interesse deste[90]. O que o sistema do prazo reclama é um equilíbrio entre o interesse do credor no cumprimento do programa obrigacional, o princípio *pacta sunt servanda* e as exigências da boa-fé. O credor não tem de fixar um prazo suficientemente longo para que o devedor faltoso possa prestar com um custo idêntico ao que projetou ou para que, nas prestações que o permitam, possa prestar sem auxílio de terceiros. Este aspeto é importante porque, na falta de fixação contratual de critério diverso, o devedor está obrigado a atuar com a diligência de um bom pai de família. Essa medida da diligência requer um determinado nível de esforços que pode não corresponder, e muitas vezes não corresponde, ao próprio projeto de despesas do devedor (cf. artigo 799º n,º 2 e 487º, nº 2). Este aspeto

[90] Sobre este aspeto, Claus-Wilhelm Canaris, *Teleologie und Systematik der Rücktrittsrechte nach dem BGB*, p. 12 ss.

é tanto mais importante quanto, nos termos do artigo 767º, a prestação pode ser feita tanto pelo devedor como por terceiro, a não ser que as partes tenham acordado que esta deve ser feita pelo devedor, ou quando a substituição prejudique o credor.

Se o prazo for manifestamente curto, o devedor pode, de boa-fé (artigo 762º, nº 2), informar o credor, de forma fundamentada, da insuscetibilidade de cumprir, requerendo um prazo mais longo (ainda que com o risco de perda de interesse do credor). Nos casos mais graves, pode o devedor considerar que o credor violou deveres de colaboração a que estava adstrito? Quanto a nós, como escrevemos noutra sede, a boa-fé (cf. artigo 762º, nº 2) rege a relação obrigacional no seu todo. O credor está adstrito, por força da boa-fé, a colaborar no cumprimento do programa obrigacional e a observar deveres de proteção de bens jurídicos do devedor. Simplesmente, nesta fase, o programa obrigacional já se encontra numa fase perturbada, de modo que só situações particularmente graves, sem justificação material, podem equivaler a condutas abusivas do credor, que desconsideram os parâmetros a que o mesmo está adstrito, em virtude do contrato.

A fixação de um prazo tem uma vantagem óbvia para o credor: desonera-o da prova da perda de interesse, que poderá oferecer dificuldades ou maior risco. Decorrido o prazo, o credor está habilitado a resolver extrajudicialmente o contrato, se essa for a sua opção. Nada impede, porém, que decurso do próprio prazo por si fixado, o credor perca o interesse na prestação.

Note-se, ainda que para a fixação de um prazo para cumprir não é necessário que a falha de prestação do devedor seja relevante ou significativa. O que quer dizer que o "sistema da fixação do prazo" permite ao credor resolver o contrato com fundamento numa "prestação aquém do devido", dentro dos limites da boa-fé e do abuso do direito (artigo 334º), sem necessidade de um escrutínio da relevância material da perturbação da prestação ocorrida.

13. Pode perguntar-se se o Direito português acolhe a possibilidade de denúncia excecional de "relações obrigacionais duradouras", reconhecida em certos sistemas, como o alemão, através do §314 do BGB[91], nos termos do qual a possibilidade de denúncia excecional depende da inexigibilidade de manutenção do vínculo contratual e esta não resulta necessariamente de um inadimplemento (ou cumprimento desconforme com o programa contratual), podendo justificar-se por qualquer outra razão, nomeadamente factos que quebrem a relação de confiança entre as partes[92] (ainda que sejam factos não-contratuais, como por exemplo a prática de um ilícito penal pela outra parte ou a ocorrência de circunstâncias imprevisíveis). O universo desta forma de cessação não se limita a perturbações na execução do programa contratual, em sentido restrito, englobando também vicissitudes que afetam a confiança entre as partes. Um dos aspetos ponderados é a duração do vínculo contratual: uma quebra da confiança poderá representar um motivo relevante se ainda estiverem vários anos de contrato por executar[93]. Em Portugal, e na ausência de uma norma clara como o §314 BGB, a necessidade de as disposições gerais do Código Civil (artigos 801º, 802º e 808º) serem articuladas com um "princípio da exigibilidade" quando estejam em causa contratos de execução duradoura foi defendida por NUNO PINTO OLIVEIRA[94],

[91] Dispõe o §314 BGB: "Cada parte num contrato pode, independentemente do prazo, pôr termo a uma relação duradoura com base num fundamento importante. Existe fundamento importante quando, à parte denunciante, não possa ser exigida a manutenção da relação contratual até ao seu termo ou até ao decurso de um prazo de denúncia, de acordo com as circunstâncias do caso concreto e sob a ponderação dos interesses de ambos".

[92] Na doutrina recente, *vide per totum* WALTER DORALT, *Langzeitverträge*, pp. 433-434 e p. 444-445 (em conclusão).

[93] WALTER DORALT, *Langzeitverträge*, pp. 433-434 e p. 444-445 (em conclusão).

[94] NUNO PINTO OLIVEIRA, *Princípios de Direito dos Contratos*, Coimbra Editora, Coimbra, 2011, 135-136.

na esteira de JOÃO BAPTISTA MACHADO[95]. BRANDÃO PROENÇA, por seu turno, admite também que, em relações duradouras, interceda uma "justa causa"que permita pôr termo ao contrato[96].

14. No direito português, é ainda comum uma alusão ao caráter de *ultima ratio* da resolução. Esta caraterização, que também nós já utilizámos, tem de ser devidamente contextualizada. É que, verificados os respetivos pressupostos, e na falta de disposição contratual em contrário, em regra não há qualquer subordinação da resolução relativamente a outras vias jurídicas, não tendo que haver um esgotamento de outros meios de reação[97]. Esta matéria prende-se mais largamente com um aspeto importante que é o da liberdade do credor no recurso às vias de reação a uma falta de cumprimento por parte do devedor.

15. Nem todas as resoluções são legítimas. Qual o destino do programa obrigacional quando uma das partes resolve o contrato e a outra considera que a resolução é infundada? Tendo uma das partes resolvido, pode suspender ou mesmo cancelar a sua prestação debitória, sem incorrer em consequência negativas?

No Direito português, considerou PAULO MOTA PINTO que a resolução não vale, na medida em que não possui fundamento jurídico[98]. A parte resolvente (sem razão) pode ainda ser confrontada com

[95] JOÃO BAPTISTA MACHADO, *Pressupostos da resolução, Obra Dispersa*, I, Scientia Juridica, Braga, 1991, p. 166.

[96] *Lições de cumprimento*, p. 365.

[97] No direito brasileiro, a ideia que aqui sustentamos parece corresponder ao pensamento de RUY ROSADO DE AGUIAR JÚNIOR, quando salienta que "o exercício do direito formativo extintivo não é subsidiário da pretensão e da ação de execução da obrigação". Reforça ainda o Autor que "reunidos os requisitos para a resolução, pode o direito extintivo ser exercido como opção do credor", RUY ROSADO DE AGUIAR JÚNIOR, *Extinção dos contratos*, p. 52.

[98] *Interesse contratual negativo e interesse contratual positivo*, vol. II, Coimbra Editora, Coimbra, 2008, p. 1675, nota 4861.

uma reação adversa da parte contrária, sobretudo se a resolução puder ser interpretada, ela própria, como uma declaração da parte resolvente de que não colaborará no cumprimento do programa obrigacional.

Com efeito, parece dever entender-se que a resolução infundada é ilícita, mas a ideia de ilicitude não esclarece acerca da produção de efeitos. É certo que existem atos ilegais que produzem, na prática, efeitos, até que sejam invalidados (diferentemente do que se passa na impossibilidade legal). Contudo, não pode deixar de se reconhecer que o devedor (adimplente) não deve ficar onerado com a propositura de uma ação judicial destinada a reconhecer que a resolução não é lícita.

VII
Force majeure em contratos com a administração pública

1. Este texto corresponde ao desenvolvimento, escrito em 2020, do manuscrito de apoio à nossa intervenção no Congresso do Comité Brasileiro de Arbitragem, realizado em Brasília, em Agosto de 2019.

2. O tema que me cabe é o da *force majeure* em contratos com a administração pública. Para percebermos exatamente o que é *force majeure* nestes contratos, temos que diferenciar a figura de outras "*perturbações na execução contratual*". E este não é um problema só das arbitragens de direito público: como todos nós sabemos, é também, muitas vezes, um problema com que se debatem árbitros e advogados em torno de discussões de direito privado. Há, pois, questões comuns. Como escreveu, e muito bem, o Professor Giovanni Ettore Nanni que, na arbitragem, é essencial uma estabilização de conceitos: se certos conceitos são conhecidos universalmente, servindo para aplicação e interpretação do direito, o seu âmago deve ser preservado.

3. Na *Lei de Licitações e dos Contratos Administrativos* existe uma norma (artigo 54º) que diz o seguinte: "*os contratos administrativos de trata esta lei regulam-se pelas suas cláusulas – claro, primeiro contrato – pelos preceitos de direito público e depois, aplicando-se supletivamente, os princípios da teoria geral dos contratos e as disposições do direito privado*". É esta parte

final da norma ("princípios da teoria geral dos contratos e as disposições do direito privado") que explica que eu esteja aqui hoje, para falar de um tema de teoria geral dos contratos.

4. Uma situação de força maior ocasiona pelo menos três ordens de *problemas*:

a) atraso no programa contratual inicialmente projetado;
b) custos adicionais, durante o período do impedimento, ou para mitigar contingências;
c) possibilidade de desvinculação das partes.

Estas ideias são ideias comuns que surgem ao espírito, em qualquer situação de força maior.

Recuando um pouco, comecemos por recordar alguns conceitos relevantes para adimplemento e inadimplemento contrato. Principiemos mesmo por imaginar um contrato entre um contraente privado e a administração pública, um contrato bilateral, um contrato de empreitadas de obras públicas ou um contrato de construção. Observando o vínculo obrigacional, temos, de um lado, uma prestação-atividade, que diz primariamente respeito à *atividade do contraente privado*, e do outro uma *prestação-resultado*[99], que diz primariamente respeito ao *objetivo do contraente público.*

Avançando, podemos identificar, no vetor *prestação-atividade*, dois aspetos: o da diligência com que o devedor deve cumprir e o da eventual colaboração do credor.

No vetor *prestação-resultado*, há que realçar que qualquer contrato visa um fim e que um contrato com a administração pública visa um fim específico, correspondente a um determinado interesse público.

[99] Retomamos partir daqui as nossas ideias desenvolvidas em Catarina Monteiro Pires, *Impossibilidade da Prestação*, Almedina, 2017, p. 329 ss.

Em ambas as vertentes, os dois problemas essenciais são o de saber *se o vínculo se mantém, ou não*, e o de saber *como se distribuem os riscos contratuais*, nomeadamente o risco quanto à contraprestação (pagamento do preço esperado, da renda esperada, etc).

5. Os casos em que atividade do contraente privado, embora possível, não consegue atingir o resultado pretendido são os chamados casos de "frustração do fim", os quais, no direito administrativo, poderão ter um enquadramento particular. Em geral, estes problemas *podem ser resolvidos no âmbito da impossibilidade* – mesmo em Países cujo Código Civil não dispõe de um regime sistematizado de impossibilidade, como é o caso do Código Brasileiro –, mas não são problemas de força maior. No âmbito da impossibilidade, a grande questão que colocam é o de saber se (i) constituem impossibilidades de prestar, ainda que atípicas ou indiretas, e (ii) se a contraprestação (o preço, a renda, etc) devem ser pagos, total ou parcialmente. No direito privado, a questão é muito discutida. No direito administrativo, a dificuldade é agravada porque à Administração Pública é em regra reconhecida a possibidade de extinção do contrato por razões de conveniência, ligadas à prossecução do interesse público[100]. Não são, porém, estas situações que nos interessam hoje.

6. Num outro cenário, temos a vertente da *atividade do devedor*. Pode suceder que o devedor, durante a execução do contrato, se veja confrontado com um acréscimo de custos ou com uma quebra das expectativas receitas, colocando, em certos casos, dúvidas sobre o equilíbrio contratual.

[100] A Administração Pública pode fazer cessar o vínculo por "*razões de interesse público, de alta relevância e amplo conhecimento, justificadas e determinadas pela máxima autoridade da esfera administrativa a que está subordinado o contratante e exaradas no processo administrativo a que se refere o contrato*" (artigo 78º XII).

Pode ainda sucede que contraente privado se veja temporariamente privado dos meios necessários ao cumprimento da prestação, ou do chamado "substrato da prestação" (por exemplo, em virtude de inundação, não é possível ter acesso à obra). Nestas hipóteses, pode haver uma impossibilidade temporária e esta pode constituir um caso de força maior, mas apenas se a impossibilidade temporária não for imputável às partes. Dito de outro modo, havendo força maior, em regra há impossibilidade temporária não imputável às partes, mas pode haver impossibilidade temporária que é imputável às partes e que não é, por isso, um caso de força maior.

O problema da *force majeure* diz, pois, respeito ao primeiro aspeto acima recortado quanto à relação obrigacional, à *atividade-prestação do devedor*. Porquê? Porque tipicamente a força maior é um meio de exoneração e de desculpabilização. O devedor que não pode cumprir, em virtude de força maior, não irá sofrer determinadas consequências, nomeadamente não será responsável por uma indenização por perdas e danos.

7. Revisitando muito rapidamente a *Lei de Licitações e de Contratos Administrativos*, ressaltam várias consequências, distinguindo-se as seguintes.

Em primeiro lugar, a ocorrência de caso fortuito ou de força maior é um motivo de rescisão do contrato, determinada por ato unilateral e extrajudicial da administração pública (cf. artigo 78º, XVII).

Em segundo lugar, não havendo culpa, o contraente privado não será responsável. O Código Civil Brasileiro estabelece no artigo 393º o seguinte: "*O devedor não responde pelos prejuízos resultantes de caso fortuito ou força maior, se expressamente não se houver por eles responsabilizado* (...)", nem haverá falta injustificada que possa motivar a aplicação de multas por mora contratual.

Em terceiro lugar, em certos casos, o contraente privado poderá ser ressarcido de determinadas despesas como pagamentos devidos pela execução do contrato até à data e custos de desmobilização (artigo 79º, IV §2)[101].

Em quarto lugar, a lei prevê ainda que a força maior possa ser um caso de alteração do contrato mediante acordo entre as partes (artigo 65, II *d)* da referida Lei, ao qual regressaremos adiante).

Em *quinto lugar*, a lei determina que "*ocorrendo impedimento, paralisação ou sustação do contrato, o cronograma de execução será prorrogado automaticamente por igual tempo*" (artigo 79º §5º), o que quer dizer que o tempo de suspensão por causa não imputável às partes será refletido num prazo adicional para cumprir. A Lei faz ainda alusão, entre as causas de prorrogação, à "superveniência de fato excepcional ou imprevisível, estranho à vontade das partes, que altere fundamentalmente as condições de execução do contrato" (Artigo 57º, V, §1º, II).

8. Contudo, a Lei em causa não determina um conceito de força maior, nem as consequências acabadas de enunciar resolvem todos os problemas criados pela força maior, deixando, por exemplo, dúvidas sobre quem suporta o risco de despesas adicionais que não correspondam a custos de desmobilização e interrogações sobre a passagem de um impedimento temporário de força maior a uma situação definitiva. Vejamos cada um destes aspetos separadamente, começando pela noção de força maior.

[101] De acordo com esta norma, "*quando a rescisão ocorrer com base nos incisos XII a XVII do artigo anterior, sem que haja culpa do contratado, será este ressarcido dos prejuízos regularmente comprovados que houver sofrido, tendo ainda direito a: I – devolução de garantia II – pagamentos devidos pela execução do contrato até a data da rescisão; III – pagamento do custo da desmobilização*".

9. O artigo 393º do Código Civil brasileiro determina que: "*Parágrafo único. O caso fortuito ou de força maior verifica-se no fato necessário, cujos efeitos não era possível evitar ou impedir*". Podem ser genericamente qualificadas como situações de força maior situações imprevisíveis e inevitáveis ou, pelo menos, inevitáveis, do ponto de vista do controlo das partes[102]. Contudo, para que um contrato seja afetado por força maior, é necessário que exista uma *ligação causal* entre essas circunstâncias e a insuscetibilidade de cumprimento do programa contratual. Há quem diferencie o caso fortuito da força maior, a diferenciação presta-se a muitas flutuações em todos os países, no direito civil e no direito administrativo, mas parece-me que a mais correta é que de que a força maior é um fato enquanto o caso fortuito tem como característica um ato humano. Mas aqui o que caracteriza as duas, e isso é fundamental a meu ver, é a inevitabilidade. Num mundo tecnologicamente avançando, muitas vicissitudes são abstratamente previsíveis, o essencial é saber se podem, ou não, ser evitadas.

10. A pergunta que fica é, pois, a de saber *o que é inevitável.* E aqui temos duas posições possíveis. Para uma primeira posição, *será inevitável o que for extraordinário*, aquilo que não é possível alcançar com a diligência exigida do devedor – seja a diligência *preventiva*, seja uma diligência *reativa*, para mitigar possíveis problemas e superar eventuais obstáculos ao cumprimento do programa obrigacional. Para uma segunda posição, será inevitável o que for *impossível* e será impossível o que for absolutamente inexequível, o que corresponder a circunstâncias em que não há liberdade de decidir entre "fazer" e "não fazer" (ex: o contraente não pode realizara a obra, porque a casa ardeu) – teoria

[102] O conceito clássico de força maior, de matriz francesa, reúne as caraterísticas da irresistibilidade e imprevisibilidade, sendo retomado no atual Código Civil francês, que alude expressamente a inevitabilidade e imprevisibilidade no artigo 1218º.

absoluta – ou o que for asolutamente impossível, mas também o que for extremamente difícil ou extremamente oneroso – teoria relativa.

Na minha opinião, um evento insuperável por qualquer pessoa, sem culpa do contratado, pode ser qualificado como força maior, se causalmente impedir o cumprimento do contrato, mas não já um evento superável, ainda que com custos adicionais. Só se o evento for insuperável, poderão aplicar-se as consequências acima recortadas no ponto 7. A onerosidade excessiva será *um outro problema*, tal como o reequilíbrio do contrato. Não quer dizer que uma situação de impedimento temporário não coloque também *mediatamente* um problema de onerosidade excessiva, por exemplo se o impedimento gerar despesas que, por seu turno, se reflitam numa onerosidade excessiva na esfera do devedor: mas serão sempre dois problemas autónomos, a concorrer num caso, e não um problema só.

11. Por vezes, os contratos incluem cláusulas de força maior, nas quais as partes podem prever, além do recorte das situações que devem ser qualificadas enquanto tal, (i) deveres de notificação, (ii) deveres de mitigação de danos e, particularmente importante embora menos frequente, (iii) deveres de partilha do "risco de maiores despesas" (por exemplo, as despesas necessárias para a empresa do devedor ficar em *standby*, reservando meios para cumprir, durante o período de impossibilidade temporária).

12. Na falta de cláusula contratual, o evento de força maior, além de excluir a culpa, pode determinar uma *quiescência* de deveres contratuais durante o período de impedimento. Neste caso, pode perguntar-se *por quanto tempo ficam as prestações suspensas*. A Lei brasileira não responde diretamente a esta questão no artigo 79º. O Código dos Contratos Públicos português permite a resolução pelo empreiteiro, decorrido certo prazo de duração do contrato (artigo 406º).

No Direito privado, é considerado o interesse do credor, mas também do devedor. Se o prazo de cumprimento for absolutamente fixo pode haver desde logo impossibilidade definitiva.

No Direito administrativo, estas considerações gerais são, depois, temperadas por outras ideias, como a da indisponibilidade de dinheiros públicos e a necessidade de assegurar determinadas caraterísticas do próprio serviço público. Ora, neste, o interesse público pode modelar aquela apreciação sobre a conversão de um impedimento temporário num impedimento definitivo, atribuindo particular intensidade ao juízo relativo ao interesse do credor /contraente público.

13. Nos termos do artigo 65/ II *d)* da *Lei de Licitações e dos Contratos Administrativos "Os contratos regidos por esta Lei poderão ser alterados, com as devidas justificativas, nos seguintes casos: II – por acordo das partes: d) para restabelecer a relação que as partes pactuaram inicialmente entre os encargos do contratado e a retribuição da administração para a justa remuneração da obra, serviço ou fornecimento, objetivando a manutenção do equilíbrio econômico-financeiro inicial do contrato, na hipótese de sobrevirem fatos imprevisíveis, ou previsíveis porém de conseqüências incalculáveis, retardadores ou impeditivos da execução do ajustado, ou, ainda, em caso de força maior, caso fortuito ou fato do príncipe, configurando álea econômica extraordinária e extracontratual"* (o sublinhado é nosso). Esta modificação pode ser particularmente importante em casos de impossibilidade temporária, em que o contraente privado sofra custos adicionais durante o período em que se viu impedido de cumprir e em virtude dessa "espera", sobretudo se estes custos ou despesas adicionais forem além dos custos de desmobilização previstos no artigo 79º, IV §2. Contudo, tratando-se de uma hipótese de acordo entre as partes, não haverá propriamente um direito de crédito do contraente privado quanto à modificação do contrato. Poderá, eventualmente, colocar-se o problema de saber se, subjacente a esta norma, está uma intenção de *renegociação*, caso

em que as partes deverão encetar um procedimento negocial nesse sentido. Ainda assim, um eventual *dever de renegociar* não deverá constituir uma vinculação a alcançar um resultado determinado. Nestes termos, parece-nos que, além das hipóteses de onerosidade excessiva ou de reequilíbrio do contrato, o risco de maiores despesas poderá recair no contraente privado.

VIII
Alteração das circunstâncias, risco de incapacidade patrimonial e risco de emprego

1. O Código Civil e o Direito privado português, à semelhança de vários outros sistemas jurídicos, assentam no princípio segundo o qual os contratos devem ser cumpridos pontualmente e só podem ser modificados ou extinguir-se por mútuo consentimento dos contraentes ou nos casos admitidos na lei (cf. artigo 406º, nº 1, do Código Civil). Trata-se do princípio da estabilidade dos contratos, essencial à segurança jurídica e à própria tutela da autonomia privada das partes (cf. artigo 405º). Este princípio tem sido reconhecido como um princípio essencial de Direito dos Contratos.

Daqui resulta ainda (como se infere da própria leitura do artigo 401º, nº 1) que os desvios à ideia de irretratabilidade do vínculo e imodificabilidade do conteúdo dos contratos revestem natureza excecional, como, aliás, bem nota NUNO PINTO OLIVEIRA[103].

2. No cumprimento de obrigações contratuais, há ainda coordenadas essenciais que cabe ter presente. A *primeira coordenada* é a que resulta do artigo 762º, nº 1 do Código Civil: o devedor cumpre

[103] NUNO PINTO OLIVEIRA, *Princípios de Direito dos contratos*, Coimbra Editora, 2011, p. 154.

a obrigação quando realiza a prestação a que está vinculado (artigo 762º, nº 1). A *segunda coordenada* projeta-se no princípio da integralidade da prestação (artigo 763º): a prestação debitória debitória deve ser realizada integralmente, e não por partes. O credor não está obrigado a receber parte da prestação, pelo que não incorre em mora se o fizer (cf. artigo 813º). Sendo o atraso imputável ao devedor, este incorre em mora (cf. artigo 804º, nº 2). A *terceira* é a de que a prestação debitória serve a satisfação do interesse do credor.

3. Nos últimos meses, vários contratos cujas partes invocam o artigo 437º, são contratos sinalagmáticos (com interdependência entre prestação e contraprestação[104]), onerosos e prolongados. Ora, retomando ideias que desenvolvemos em outra sede[105], *em sentido amplo*, contratos prolongados são aqueles em que o vínculo contratual se estende no tempo, desde o momento da celebração do contrato até o da sua extinção, pelo integral cumprimento. Nesta conceção ampla, compreendem-se, desde logo, os tradicionalmente designados "contratos duradouros". Esta natureza tem várias implicações de regime jurídico, cabendo salientar duas quanto aos riscos que temos em mente no presente artigo. Assim, cabe recordar que celebrar um contrato com determinada duração equivale a determinar, no presente, a regulação de efeitos que se projetarão no futuro e, por ser assim, implica assumir que o futuro pode concretizar uma realidade que o contrato não previu (nem, muitas

[104] Como escrevemos em outra sede, o "*sinalagma traduz, em termos gerais, a ideia de uma reciprocidade, enquanto pressuposto ou razão de ser das obrigações ou das vinculações de cada uma das partes*" Catarina Monteiro Pires, *Impossibilidade da prestação*, Almedina, Coimbra, 2017, p. 581.

[105] Catarina Monteiro Pires/ Diogo tapada dos Santos, "Contratos prolongados": entre dogmas carecidos de revisão e problemas carecidos de sinalização", *Arbitragem e outros Temas de Direito Privado, Estudos Jurídicos em Homenagem a José Emílio Nunes Pinto*, Quartier Latin, 2021, p. 569 ss.

vezes, tinha de prever). Quer isto dizer que contratar por tempo prolongado pode, naturalmente, fazer nascer riscos para as partes, gerando incerteza sobre a verificação de eventuais desvantagens na esfera das partes. Mais: certos contratos prolongados implicam sempre, em maior ou menor medida, que se aceite esta incerteza como ponto de partida. Depois, durante o tempo de duração do contrato, poderão registar-se várias vicissitudes ou desequilíbrios e, ao longo dessa "linha do tempo", os riscos vão oscilando e sofrendo alterações. Não parece, por isso, correto, na falta de outros elementos contratuais, quando estão em causa desequilíbrios entre prestação e contraprestação (perturbações da "equivalência"), comparar o momento da celebração do contrato com o momento presente, entendido enquanto data limitada, porque essa comparação deixa de fora todo o restante tempo de execução o contrato, nomeadamente o tempo da execução que ainda será materializada[106].

4. Sempre que estejam em causa prestações pecuniárias, há que reconhecer, com a doutrina e jurisprudência, que as prestações pecuniárias são sempre possíveis, pelo que as dificuldades financeiras ou a falta de capacidade patrimonial do devedor não podem ser invocadas como causa de impossibilidade de prestar[107]. A falta generalizada de capacidade de prestar pode culminar num processo de execução universal que é a insolvência, mas não numa exclusão do dever de prestar. Acresce que a dificuldade financeira do devedor também não é um motivo para, por si só, afastar uma prestação pecuniária. Assim o entendeu o Tribunal da Relação de Guimarães, num acórdão recente, ao considerar que o arren-

[106] Como sustentamos em CATARINA MONTEIRO PIRES/ DIOGO TAPADA DOS SANTOS, *Contratos prolongados*, p. 587 ss.

[107] CATARINA MONTEIRO PIRES, *Impossibilidade da prestação*, pp. 32-33 e a doutrina e jurisprudência nacional citada nas notas de rodapé 63 e 64 da p. 33.

datário não pode invocar a alteração das circunstâncias "*ainda que prove que a) apresentou um resultado líquido negativo de muitos milhões de euros nos últimos anos*"[108].

5. Tendo presente o enquadramento acima enunciado, é fácil concluir que a modificação de um contrato por alteração das circunstâncias consagrada no artigo 437º surge como um desvio ao plano geral do princípio da estabilidade contratual: deve ser compreendida como um mecanismo que permite, em casos pontuais, acomodar desvios, determinando um destino diferente do habitual. Para que a solução jurídica de um caso se aparte daquele que seria o caminho natural (estabilidade do vínculo, integralidade e pontualidade do cumprimento da prestação debitória), exigem-se determinadas condições que, em último termo, podem ser condensadas na ideia de que a estabilidade do contrato obrigaria a aceitar distorções manifestamente graves, prejudicando a ideia de justiça inerente ao sistema jurídico. Assim, a alteração das circunstâncias prevista no artigo 437º (e 438º) pode ser compreendida como uma "válvula de escape" do sistema jurídico ou, como notou já doutrina recente no contexto da pandemia, como "última defesa do sistema"[109]. Pela nossa parte, como já escrevemos em outra sede, "*a alteração das circunstâncias constitui uma solução de ultima ratio, fundada na boa-fé*"[110].

6. Esta natureza da alteração das circunstâncias faz com que seja uma figura reservada para casos muito limitados. Aliás, esta conclusão resulta, desde logo, dos apertados e cumulativos requi-

[108] Ac. do TRG de 15.10.2020.

[109] ANTÓNIO MENEZES CORDEIRO, anotação ao artigo 437º, *Código Civil Comentado*, II, *Das Obrigações em geral*, CIDP, Almedina, 2021, p. 281.

[110] CATARINA MONTEIRO PIRES, *Impossibilidade da prestação*, p. 794.

sitos exigidos pelo próprio artigo 437º. E que é assim que tem sido interpretada e materializada pelos tribunais portugueses.

Também na doutrina, esta colocação é bem recebida, recordando GALVÃO TELLES, na doutrina mais antiga, que "*devem (...) os tribunais proceder neste domínio com a maior cautela e prudência, em ordem a evitar perturbadores abalos na confiança à qual se espera dos tribunais*"[111] e, na doutrina mais recente, salientando PAULO MOTA PINTO, referindo-se aos requisitos do artigo 437º, que "*estas diretrizes gerais traduzem o sentido e alcance do artigo 437º (...) impondo que o recurso pelos tribunais ao instituto da alteração das circunstâncias, para resolver ou modificar contratos livremente celebrados, seja uma medida cuja excecionalidade é claramente assumida e reconhecida pela ordem jurídica e pelo aplicador do Direito*"[112].

7. À luz destas considerações gerais, vejamos, com maior detalhe, as várias condições que o legislador impôs no artigo 437º, nº 1, do Código Civil. Recordemos que a norma do artigo 437º, nº 1, estabelece o seguinte: "*se as circunstâncias em que as partes fundaram a decisão de contratar tiverem sofrido uma alteração anormal, tem a parte lesada direito à resolução do contrato, ou à modificação dele segundo juízos de equidade, desde que a exigência das obrigações por ela assumidas afete gravemente os princípios da boa-fé e não esteja coberta pelos riscos próprios do contrato*".

Perante os dados legais, a maioria das posições defendidas entre nós tem aceite que a referência do artigo 437º, nº 1, às "circunstâncias em que as partes fundaram a decisão de contratar", traduz o acolhimento da ideia de base do negócio[113]. Esta conclusão

[111] INOCÊNCIO GALVÃO TELLES, *Direito das obrigações*, p. 371.

[112] PAULO MOTA PINTO, *O contrato como instrumento de gestão do risco de "alteração de circunstâncias"* em *Direito Civil. Estudos*, Gestlegal, 2018, pp. 479-480.

[113] Assim, por exemplo, ANTUNES VARELA, *Das Obrigações em geral*, vol. II, Almedina, Coimbra, 2001 (7ª ed., reimp.), p. 282, p. 82 ss, INOCÊNCIO GALVÃO TELLES, *Manual*

resulta dos trabalhos preparatórios e anteprojeto de VAZ SERRA, bem como das ideias de ANTUNES VARELA[114], a quem, na qualidade de Ministro da Justiça, couberam as revisões ministeriais dos projetos que viriam a consolidar-se no atual texto do Código Civil.

Contudo, a lei não faculta uma definição de base de negócio, cabendo a respetiva formulação à doutrina e jurisprudência.

Nas posições defendidas na doutrina alemã, podemos distinguir, seguindo uma classificação usual, entre teorias subjetivas, objetivas e mistas[115].

As fundações destas teorias têm algumas décadas, mas no essencial é através delas que ainda hoje continuamos a compreender as coordenadas centrais do problema. Nas primeiras (subjetivas), destaca-se a tese de PAUL OERTMANN[116], para quem a base do negócio seria "*a representação de um participante, que surge aquando da conclusão do negócio, cujo significado é reconhecido e não contestado pela contraparte ou a representação conjunta de vários sujeitos acerca da exis-*

dos contratos em geral, Coimbra Editora, Coimbra, 2002, p. 97 ss e 342 ss, OLIVEIRA ASCENSÃO, *Direito civil. Teoria geral*, vol. III, Coimbra Editora, Coimbra, 2002, pp. 186-187 e, do mesmo Autor, *Onerosidade excessiva por «alteração das circunstâncias»*, ROA, ano 65, 2005, p. 625 ss, p. 626, ANTÓNIO MENEZES CORDEIRO, anotação ao artigo 437º, p. 276-277, LUÍS MENEZES LEITÃO, *Direito das Obrigações*, II, Almedina, Coimbra, 2018 (12ª ed), NUNO PINTO OLIVEIRA, *Princípios de Direito dos contratos*, p. 577 ss, CATARINA MONTEIRO PIRES, *Impossibilidade da prestação*, p. 408 ss e *Contratos – I. Perturbações na execução*, Almedina, Coimbra, 2019, p. 181 ss.

114 Aliás, a posição de VAZ SERRA apoiar-se-ia no estudo de ANTUNES VARELA, *Ineficácia do testamento e vontade conjectural do testador*, de 1950. Além deste estudo, ANTUNES VARELA alude, também à base do negócio em "Notas breves sobre o conceito de *causa* no código civil português", RDES, ano II, 1946.1047, p. 103 ss.

115 Retomamos o que explicámos e algumas partes no nosso estudo *Impossibilidade da Prestação*, p. 374 ss, onde desenvolvemos a posição destes Autores.

116 PAUL OERTMANN, *Die Geschäftsgrundlage, Ein neuer Rechtsbegriff*, A. Deichert, Leipzig, 1921, p. 25 ss.

tência ou da superveniência de certas circunstâncias, em cuja base assenta a vontade negocial"[117].

Um exemplo de uma formulação objetiva encontramo-lo em LOCHER. Para este Autor, a base do negócio corresponderia ao "complexo de circunstâncias, sem cuja existência, perduração ou aparecimento, o efeito negocial visado, de acordo com o conteúdo negocial (o fim do negócio), não pode ser atingido, apesar da regular conclusão do negócio e dos esforços exigíveis às partes, em conformidade com o conteúdo negocial"[118].

Finalmente, nas orientações mistas, evidenciou-se a sustentada por LARENZ,[119] para quem a base do negócio corresponderia às representações mentais dos contraentes aquando da conclusão do negócio jurídico, mas também ao conjunto de circunstâncias do qual o próprio contrato retira objetivamente o seu sentido último, isto é, de «todas as circunstâncias cujo desaparecimento torna o contrato sem significado, sem fim ou sem objeto»[120]. Quer isto dizer que, ao lado da base do negócio subjetiva (*subjektive Geschäftsgrundlage*), reconduzível à vontade dos contraentes – de *ambos*, e não apenas de um deles[121] –, haveria, também, uma base do negócio objetiva (*objektive Geschäftsgrundlage*), correspondente à realidade que subjaz ao próprio negócio e cuja pertinência poderia resultar das conclusões de uma interpretação complementadora do negócio[122].

[117] PAUL OERTMANN, *Die Geschäftsgrundlage*, p. 37.

[118] EUGEN LOCHER, *Geschäftsgrundlage, Geschäftsgrundlage und Geschäftszweck*, AcP 121, 1923, (p. 1 ss), p. 71.

[119] KARL LARENZ, *Geschäftsgrundlage und Vertragserfüllung. Die Bedeutung„veränderter Umstände" im Zivilrecht*, Beck, Munique e Berlim, 1963, 3ª ed.p. 7 ss.

[120] KARL LARENZ, *Lehrbuch des Schuldrechts*, I, *Allgemeiner Teil*, Beck, Munique, 1987, 14ª ed., p. 248.

[121] *Vide*, por exemplo KARL LARENZ, *Zum Wegfall der Geschäftsgrundlage*, p. 362.

[122] KARL LARENZ, *Geschäftsgrundlage*, p. 166.

A doutrina portuguesa recente aceitado densificações de base do negócio que acolhem elementos objetivos e subjetivos[123], em outros casos preferido uma dimensão objetiva[124]. A perspetiva objetiva também tem ecos na jurisprudência[125].

Pela nossa parte, já tomamos posição sobre o assunto, considerando que *"a base do negócio a que o artigo 437º faz referência, de âmbito limitado, e subordinada ao prévio resultado interpretativo das disposições contratuais, não pode ser entendida em termos puramente subjetivos, fazendo antes apelo a condicionalismos objetivos"*[126]. Podemos ainda assentar algumas caraterísticas essenciais. *Vejamos.*

Em *primeiro lugar*, a base do negócio ou as circunstâncias a que a alude o artigo 437º, nº 1, *não se confunde com meros motivos.* A razão pela qual uma parte contrata pertencem à sua própria esfera, quer dizer, o motivo individual de uma parte é irrelevante do ponto

[123] Assim, Henrique Sousa Antunes, anotação ao artigo 437º, *Comentário ao Código Civil. Direito das Obrigações. Das Obrigações em geral,* UCP, 2018, p.155, Mariana Fontes da Costa, *Da alteração superveniente das circunstâncias. Em especial à luz dos contratos bilateralmente comerciais,* Almedina, Coimbra, 2017, p. 342, sustentando uma ideia de "vontade hipotético-normativa". Esta Autora, no que respeita aos elementos subjetivos, considera que a procura da vontade hipotética diz respeito ao lesado, mas também à contraparte, devendo indagar-se se "esta haveria concordado com um condicionamento do contrato à não ocorrência da alteração" (*idem,* p. 340).

[124] António Menezes Cordeiro, anotação ao artigo 437º, *Código Civil Comentado,* II, pp. 276-277.

[125] Assim, por exemplo, o Ac. do TRC de 31/01/2006: *"apesar de não se ter provado que o volume de tráfego do I.P. 2 determinou a vontade de contratar dos outorgantes, designadamente da Ré, é indiscutível que situando-se o estabelecimento de restauração locado numa área de serviço e posto de combustível duma estrada principal, tal elemento é essencial ao sentido e ao resultado do contrato celebrado (base objectiva)". Vide* também o Acórdão do Supremo Tribunal de Justiça de 14 de Novembro de 2014 e o Ac. do Tribunal da Relação de Évora de 24 de Setembro de 2020.

[126] Catarina Monteiro Pires, *Contratos – I. Perturbações na execução,* p. 188 e, já anteriormente, *Impossibilidade,* p. 372 ss.

de vista das superveniências contratuais[127]. Mesmo nos casos em que certos motivos são exteriorizados, isso não é bastante para os transformar numa base do negócio suscetível de impor um desvio ao princípio da estabilidade dos contratos. O exemplo clássico habitualmente invocado, desde LENEL, para ilustrar a situação de um mero motivo, sem relevância jurídica, é o do caso do enxoval: A compra a B um enxoval, para oferecer à sua filha no seu casamento, sendo esta intenção do comprador conhecida do vendedor, mas quando B se preparava para entregar o enxoval, o casamento é cancelado[128]. Porém, segundo tem entendido a doutrina alemã, tendo o noivado da filha terminado, a compra e venda do enxoval manter-se-á, o mesmo sucedendo com a obrigação de pagamento do preço a cargo do comprador[129]. Quer dizer, a frustração do motivo do credor é neutra, do ponto de vista do destino da prestação (e da contraprestação).

Em *segundo lugar*, a base do negócio tem de resultar de circunstâncias existentes à data da celebração do contrato e que tenham deixado de existir, mas relativamente às quais seja possível atribuir uma determinada valoração. Essa valoração existe tanto para os Autores que seguem uma leitura objetiva, quanto para as posições de pendor subjetivo. Com efeito, a vertente subjetiva reporta-se à ligação das circunstâncias às partes: a circunstância seria essencial para a parte afetada e a contraparte, à data da celebração do contrato, teria "feito sua" ou pelo menos reconhecido essa circunstância (*base do negócio subjetiva*). A vertente objetiva corresponde já a "todas as circunstâncias cujo desaparecimento torna o contrato

[127] No mesmo sentido, MARIANA FONTES DA COSTA, *Da alteração superveniente das circunstâncias*, 2017, p. 356.

[128] Caso de LENEL, citado por ULRICH HUBER, *Verpflichtungzweck*, p. 60.

[129] ULRICH HUBER, *Verpflichtungszweck*, pp. 57 e 60.

sem significado, sem fim ou sem objeto"[130] (*base do negócio objetiva*). Quer isto dizer que, mesmo numa vertente subjetiva, ou com elementos subjetivos, não se admite uma base do negócio puramente unilateral (caso em que, com elevada probabilidade, corresponderá a um mero motivo)[131].

Em *terceiro lugar*, a jurisprudência portuguesa tem mesmo considerado que se trata de circunstâncias em que *ambas as partes*, e não apenas uma delas, fundaram a decisão de contratar, reforçando, assim, um elemento já indiciado pela letra da lei[132]. Seguindo-se uma opção de base de negócio subjetiva, é também de aceitar a conclusão de LARENZ de que o mero conhecimento por uma das partes de uma certa circunstância relativa à outra não é suficiente para a qualificar como base do negócio[133]. Na jurisprudência, o recente Acórdão do Tribunal da Relação de Guimarães a que já fizemos alusão salientou que "*para poder ser aplicado o instituto referido é necessário que a alteração anormal seja objetiva, e não subjetiva, que atinja as circunstâncias em que ambas as partes fundaram a decisão de contratar, atingindo o próprio contrato, e não que atinja apenas uma das partes*

[130] KARL LARENZ, *Schuldrecht*, p. 248 e KARL LARENZ/MANFRED WOLF, *Allgemeiner Teil*, p. 699 ss.

[131] No mesmo sentido, embora acolhendo uma construção subjetiva de base do negócio, MARIANA FONTES DA COSTA, *Da alteração superveniente das circunstâncias. Em especial à luz dos contratos bilateralmente comerciais*, Almedina, Coimbra, 2017, p. 357: "*não basta (...) o conhecimento ou a cognoscibilidade do motivo individual que levou o lesado a contratar para que a contraparte fique a este vinculado como base bilateral do negócio. É ainda necessário que, carreando para a avaliação todos os elementos subjetivos e normativos disponíveis, seja de concluir que um operador comercial razoável e honesto, colocado nas circunstâncias daquele concreto operador, teria aceitado condicionar o contrato à não ocorrência da perturbação, caso tal lhe houvesse sido proposto*".

[132] Pode ver-se Acs. do STJ de 28/05/2009, de 10/01/2013, de 23/01/2014 ou de 04/10/2014.

[133] KARL LARENZ, *Geschäftsgrundlage*, p. 184.

contratuais"[134]. É de notar também o Ac. do Supremo Tribunal de Justiça de 14 de Novembro de 2014, ao notar que "*a lei (artigo 437º, nº 1) fala, acentuadamente, das circunstâncias em que as partes (plural) fundaram a decisão de contratar; não refere as circunstâncias em que o lesado com a superveniente modificação teria fundado a sua decisão de contratar, proposição destituída de todo o sentido*".

Na doutrina, é ilustrativo o exemplo lapidar de Antunes Varela: "se A, funcionário público, tomar de arrendamento determinado prédio – que B possui na cidade de Coimbra – pelo facto de erroneamente se considerar transferido para essa cidade, a simples circunstância de o inquilino haver referido ao senhorio, por mera casualidade, a razão determinante da sua proposta contratual não basta, segundo o critério mais elementar de razoabilidade aplicável à hipótese, para legitimar a impugnabilidade do negócio, em face do malogro da sua convicção"[135].

Em *quarto lugar*, observando os grupos típicos de casos[136], as circunstâncias em que as partes fundaram a vontade de contratar podem dizer respeito a pressupostos que condicionam a essencialidade do negócio, a um equilíbrio determinado entre prestação e contraprestação ou a um fim programado e subjacente à contratação. É duvidoso que a condição financeira do devedor possa constituir uma circunstância atendível, conjugando o disposto no artigo 437º, nº 1, com a ideia segundo a qual o devedor não se exonera do cumprimento por inexigibilidade e que o mesmo está obrigado a cumprir de acordo com a diligência de um bom pai de família, o que pode implicar dispêndios e custos que não foram inicialmente

[134] Ac. do TRG de 15.10.2020, relator Afonso Cabral de Andrade.

[135] João Antunes Varela, *Ineficácia do testamento e vontade conjectural do testador*, Coimbra Editora, Coimbra, 1950, p. 283 ss.

[136] Sobre os casos incluídos e os casos excluídos, Catarina Monteiro Pires, *Contratos – I. Perturbações na execução*, p. 197 ss.

previstos, isto é, um esforço superior ao projetado por esse contraente aquando da celebração do contrato.

Se assim não fosse, em cenários económicos de crise (e as crises, na economia, são recorrentes, como se sabe), a estabilidade jurídica ficaria sempre prejudicada, porque haveria um abrandamento rendimentos e de lucros ou uma frustração das expectativas de uma das partes quanto a estas.

Ora, não tem sido essa a orientação de fundo dos tribunais que, aliás, não deixaram de manifestar cautela em casos ocorridos durante crise económica e financeira anterior.

Com efeito, o Supremo Tribunal de Justiça, salientou já que "*as situações de crise, a alteração relevante carece ainda de ser anormal, requisito ligado à imprevisibilidade, pois que, sendo a alteração normal, as partes poderiam tê-la previsto e acautelado, na conclusão do contrato, as suas consequências, pelo que as alterações da taxa de juro e de esforço na concessão de empréstimo bancário pagamento do preço do contrato prometido, o desemprego e a desvalorização da moeda são insusceptíveis de preencher tal requisito*"[137].

Num outro caso, o mesmo Tribunal determinou "*tendo na devida conta que as particulares incidências das partes contratantes se não enquadram no contexto do que está descrito no artº 437º do C.Civil, não pode a recorrente arguir em seu benefício que foi por força do abrandamento dos negócios determinados pela dita crise económico-financeira que ela não conseguiu dispor da capacidade para fazer face ao seu crescente endividamento, circunstancialismo que, face à incapacidade de cumprimento pontual das obrigações assumidas, a tornou insolvente*" e considerando ainda que "*o risco é uma contingência que o agente comercial nunca deixará de ponderar e, porque as transações que envolvem a compra e venda de terrenos para construção tem esse efeito na sua matriz, não poderia à promitente-compra-*

[137] Ac. do STJ de 23 de janeiro de 2014.

dora passar-lhe desapercebida a eventualidade de o seu objetivo negocial se não concretizar, designadamente que poderia ocorrer a redução dos preços dos imóveis disponíveis no mercado, como realmente veio a acontecer"[138].

8. Como vimos, a norma do artigo 437º, nº 1, exige ainda que desde que "*a exigência das obrigações por ela assumidas (...) não esteja coberta pelos riscos próprios do contrato*". A referência aos "riscos do negócio" reforça a concessão à autonomia privada, tornando indispensável a prévia interpretação do contrato, tendo em vista a determinação do seu plano de risco.

Há contratos que consagram regras de distribuição de risco, como cláusulas de *hardship*, cláusulas de adaptação do contrato, cláusulas de *material adverse change*, entre outras[139]. Em outros casos, a fisionomia dos contratos incorpora regras com *potencial impacto* quanto à distribuição do risco, como é o caso de certas cláusulas de preço fixo.

Como acima dissemos, a menor capacidade financeira temporária do devedor não é um motivo para, por si só, afastar o dever de prestar. O risco de oscilações do património do arrendatário é, em regra, do próprio arrendatário, como corrobora o Tribunal da Relação de Guimarães, em acórdão já citado, entre outras decisões[140]. Aliás, o risco de oscilações da capacidade de pagar é, em regra, um risco do devedor da prestação pecuniária.

9. Além da base do negócio e da superação da álea normal de risco do negócio, o artigo 437º exige, também, a anormalidade da alteração em que se baseia a alteração das circunstâncias, requisito

[138] Ac. do STJ de 10 de abril de 2014.

[139] Sobre estas, pode ver-se o nosso estudo *Cláusulas de preço fixo, de ajustamento de preço e de alteração material adversa e cláusulas de força maior*, ROA 2020.

[140] Ac. do TRG de 15.10.2020.

que a doutrina tem entendido corresponder, em termos práticos, à imprevisibilidade da mesma[141]. A coincidência entre a anormalidade da alteração e a respetiva imprevisibilidade foi notada por GALVÃO TELLES, que a assumiu como uma inevitabilidade[142].

Esta conceção é genericamente acolhida pela doutrina[143] e pela jurisprudência[144]. Na esteira de VAZ SERRA[145], os tribunais têm intensificado a exigência de ligação causal entre a situação anormal e a perturbação registada. Quer isto dizer que entre a alteração das circunstâncias e o constrangimento ao exato e pontual cumprimento do contrato deve interceder uma relação causal, não bastando uma ligação genérica, nem contextual. Nestes termos, a mera referência a uma crise económica e financeira não se afigura bastante para convocar o artigo 437º, nº 1. Conforme notou já o Supremo Tribunal de Justiça, "*é necessário que haja uma correlação direta e demonstrada factualmente entre crise económica geral e a atividade económica concreta de determinado agente para que se possa falar de uma alteração anormal das circunstâncias*"[146].

10. A alteração das circunstâncias pressupõe ainda um prejuízo relevante para uma das partes e "calcula-se que o dano deva ter

[141] Assim, PIRES DE LIMA/ANTUNES VARELA, *Código civil anotado*, Almedina, Coimbra, 1987, vol. I, p. 413, NUNO PINTO OLIVEIRA, *Princípios de Direito dos contratos*, p. 578 ss.

[142] INOCÊNCIO GALVÃO TELLES, *Manual dos contratos*, p. 350 ss.

[143] Assim, ANTÓNIO MENEZES CORDEIRO, *Da boa fé no Direito Civil*, Almedina, Coimbra, 2001 (reimp. da obra de 1983), p. 1083 *et passim*, NUNO PINTO OLIVEIRA, *Princípios*, p. 578 ss. Parece também ser esse o sentido acolhido por MANUEL CARNEIRO DA FRADA, *Crise financeira mundial*, p. 692.

[144] Por exemplo, Acs. do STJ de 28/03/2006 e de 23/01/2014.

[145] VAZ SERRA, *Resolução ou modificação dos contratos por alteração das circunstâncias*, BMJ, 68, 1957, (p. 293 ss), p. 330.

[146] Ac. do S.T.J. de 10.01.2013, relator Orlando Afonso.

certa envergadura"[147]. Aliás, este requisito tem ligação ao seguinte, à lesão manifesta da boa-fé, dado que "deve haver um dano considerável ou a exigência da obrigação assumida não vai afetar a boa-fé"[148].

11. Desde a obra de António Menezes Cordeiro, tem sido realçada a ligação entre a norma do artigo 437º e a boa-fé[149]. Paralelamente, reconhece-se, observando a letra do próprio artigo 437º, nº 1, a necessidade de uma afetação grave da boa-fé objetiva.

Esta referência implica, desde logo, que as perturbações sejam manifestamente significativas. Sem este desequilíbrio flagrante, respeitante a uma das partes, não haverá lugar a uma reação do sistema jurídico, nem à convocação do artigo 437º. Só a boa-fé pode ditar o que é exigível e o que é inexigível, no caso concreto, mas meros desvios ou perturbações não relevam.

12. Observando com maior detalhe os riscos que referimos no título, do lado do devedor, podemos ter o *risco de aumento de custos e dispêndios para prestar*[150] ou de falta de capacidade patrimonial e, do lado do credor, podemos encontrar o *risco de inutilidade da prestação* para emprego que ele projetara[151]. Ora, quanto a tais contingências, resulta, ainda, das regras gerais do Direito das obrigações que o risco de custos e dispêndios para prestar e de capacidade patri-

[147] António Menezes Cordeiro, anotação ao artigo 437º, *Código Civil Comentado*, II, p. 278.
[148] *Idem*, p. 278.
[149] António Menezes Cordeiro, *Da boa fé*, p. 1106 ss.
[150] Catarina Monteiro Pires, *Limites dos esforços e dispêndios exigíveis ao devedor para cumprir*, Revista da Ordem dos Advogados, 2016, p. 105 ss, disponível on-line no *site* da Ordem dos Advogados: https://portal.oa.pt/media/122447/roa-i_ii_iii_iv-2016-web.pdf.
[151] Catarina Monteiro Pires, *Impossibilidade da prestação*, p. 348 ss.

monial é, em regra, do devedor, assim como o risco de emprego pertence, em regra, ao credor[152].

Quanto ao risco de perda de capacidade financeira ou patrimonial, recordemos, agora num excerto mais alongado, o Ac. do Tribunal da Relação de Guimarães já citado: "*I- A entidade bancária que celebra um contrato de arrendamento comercial, como arrendatária, para instalar uma agência bancária, no qual as partes estipulam que o prazo de vigência é de 30 anos, e que o contrato não pode ser denunciado por qualquer das partes, não pode invocar a alteração das circunstâncias para resolver o contrato de arrendamento, nos termos do art. 437º CC, ainda que prove que: a) apresentou um resultado líquido negativo de muitos milhões de euros nos últimos anos; b) recorreu a processo de recapitalização previsto na Lei 63/2008, de 24 de Novembro; c) ficou sujeita a um plano de recapitalização que a obrigava a reformular o seu modelo de negócio, a implementar profundas medidas de reestruturação e a reduzir significativamente o seu número de agências e a limitar o seu âmbito de actuação geográfica; d) a crise financeira internacional que sobreveio a partir de 2009 aumentou os custos de financiamento da Banca em Portugal. II- Todas essas circunstâncias que foram alvo de alterações são circunstâncias que dizem respeito apenas a uma das partes no contrato e não às duas partes*".

O risco de emprego traduz-se na contingência relacionada com a utilidade a que o credor pretende destinar a prestação. Ora, os contratos podem ser neutros quanto ao fim de emprego ou permitir, através da interpretação jurídica, descobrir um determinado fim programado pelas partes. O fim de emprego corresponde ao fim secundário, aquele que o credor tem em vista ao receber a

[152] *Vide*, por exemplo, Catarina Monteiro Pires, *Impossibilidade da prestação*, p. 434 ss e Mariana Fontes da Costa, *Da alteração superveniente das circunstâncias. Em especial à luz dos contratos bilateralmente comerciais*, Almedina, Coimbra, 2017, pp. 378-379.

prestação, e não ao fim primário, este em regra determinado no próprio contrato.

A interpretação do negócio jurídico (cf. artigos 236º ss) reveste, portanto, uma importância fundamental na determinação do risco de emprego, de modo a determinar se as partes previram alguma regra que permita inferir a conclusão de que o risco de emprego da prestação é do devedor, e não do credor (como em certos casos de contratos de instalação de lojista em centro comercial) ou que, pelo contrário, permita reforçar a regra geral segundo a qual o risco de emprego da prestação debitória é do credor.

Se as partes nada tiverem previsto, não fica excluída a alteração das circunstâncias, desde que esse "fim de emprego" possa corresponder à base do negócio e desde que se verifiquem todos os demais requisitos do artigo 437º, nº 1. Contudo, como escrevemos noutra sede, "*nas hipóteses em que o fim que se frustra não corresponde ao conteúdo do negócio jurídico impõe-se alguma cautela para evitar uma ampliação do âmbito regulativo do artigo 437º além do seu recorte normativo: a alteração das circunstâncias deve conservar o seu caráter de ultima ratio, como intervenção do ordenamento suscetível de impor uma correção excecional do contrato, com fundamento na boa fé (...). Na generalidade dos casos, na falta de elementos que imponham uma solução diversa, seguir-se-á a regra segundo a qual, no silêncio do contrato, e na ausência de lacuna contratual, o risco de emprego (Verwendungsrisiko) assiste ao credor, tal como o risco da capacidade de prestar assiste ao devedor*"[153].

[153] Catarina Monteiro Pires, *Impossibilidade da prestação*, pp. 434-435.

ÍNDICE